¡NO SEGMENTES, INTEGRA MERCADOS!

La integración de mercados como la alternativa clave y revolucionaria a la innovación y creación de nuevos mercados para emprendedores (mipymes) en tiempos de crisis económica

JUAN C. MENDOZA F.

CJM CONSULTING

¡NO SEGMENTES, INTEGRA MERCADOS!

©   2024, Juan C. Mendoza F.
©   2024, CJM CONSULTING Consultoría I Gestión & Estrategia
Jirón Tarapacá # 887A Oficina # 2 Centro Cajamarca, Perú
Manzana A Lote 1 Departamento 3A Urbanización Los Corales, Los Ejidos, Piura, Perú

Diseño de portada: CJM Consulting
Edición: CJM Consulting

Todos los derechos reservados. Esta publicación no puede ser reproducida, ni total ni parcialmente, ni registrada en o trasmitida por, un sistema de recuperación de información, en ninguna forma ni por ningún medio, sea mecánico, fotoquímico, electrónico, magnético, electroóptico, por fotocopia, o cualquier otro, sin el permiso previo por escrito del autor o la editorial.

Sobre el autor

Autor empresarial, asesor y consultor en gerencia estratégica; ha sido productor y conductor del programa de entrevistas y debates Estudio Regional por Cajamarca Televisión; amante de los fierros, los libros y el conocimiento innovador. Nacido en Cajamarca (Perú), la madera intelectual no la heredó del vacío; su padre fue un prominente ingeniero, brillante matemático, campeón ajedrecista y uno de los principales pioneros de la construcción y la ingeniería civil de Cajamarca. Se considera a sí mismo un facilitador, sintetizador, adaptador e integrador del conocimiento gerencial para el crecimiento y desarrollo de las mipymes. Sus estudios superiores los realizó en la Escuela Académico Profesional de Economía de la Universidad Nacional de Cajamarca y sus estudios de maestría en la Universidad Nacional de Piura. Fue jefe de planificación estratégica de la Universidad César Vallejo por varios años, dedicándose a la investigación y el estudio en este campo como una de sus grandes pasiones; posteriormente creó su propio emprendimiento de consultoría en gerencia y estrategia empresarial CJM Consulting. Su último libro publicado "Cómo vivir después de morir", donde narra un conjunto de pequeños relatos autobiográficos con mensajes sobre lecciones, lealtad, nobleza, liderazgo y trascendencia en la vida, llegó a ser número 1 en libros nuevos en Amazon.com y su primer libro "Dirección Estratégica para negocios (Mipymes)" llegó a número 1 (Best Seller) en las categorías de "Ciencia de la Gestión de Empresas", "Liderazgo Empresarial" y "Economía y Negocios en Español" en tiendas como México, España y Estados Unidos.

Dedicado a la memoria de quién desapareció muy tempranamente y a quién le debo tantas lecciones para sobrevivir, a pesar de su corta presencia en este mundo. Tuve mucha suerte de que fueras mi padre.

Hasta donde se encuentre el Espíritu de Carlos C. Mendoza Vargas (el panzas) ¡¡Mi más grande maestro!!

Cuando uno sabe lo que quiere, es más probable que lo reconozca cuando lo vea. Cuando se lee un libro, por ejemplo, reconoce uno las oportunidades capaces de ayudarle a conseguir lo que desea.
S. B. Fuller

INDICE

PRESENTACIÓN..15

EL NUEVO PARADIGMA DEL SIGLO 21 23

    Determinación del mercado objetivo: segmentación de mercados vs integración de mercados..28

    El ciclo de la estrategia empresarial de mercados..........................41

    Principios fundamentales de gestión estratégica............................45

    Principio #1: Las empresas se desarrollan de fuera hacía dentro y no de dentro hacía fuera..45

    Principio #2: Ventaja comparativa no es ventaja competitiva..........46

    Principio #3: Los clientes no siempre saben lo que quieren............46

EXPLORACIÓN DE LOS PUNTOS CLAVE DE DOLOR Y PUNTOS CLAVE DE VALOR...47

    Mapa de utilidad del comprador..51

    Las seis fases del ciclo de experiencia del comprador....................51

    Las seis palancas de utilidad..52

    Pasos para hacer el mapa de utilidad del comprador.....................54

EXPLORACIÓN DE LOS TRES NIVELES DE NO CLIENTES....................59

    Pasos para identificar los tres niveles de no clientes......................61

    1. Comienza con el concepto básico..61

    2. Céntrate en tu sector y en tu oferta..65

    3. Identifica los tres niveles de no clientes de tu sector..................65

    4. Determina el tamaño aproximado de la nueva demanda............66

EXPLORACIÓN DE LOS CUATRO CAMINOS DE LA INTEGRACIÓN DE MERCADOS...67

    Camino 1: Integrar sectores o industrias alternativas.....................71

    Camino 2: Integrar grupos estratégicos dentro de cada sector.......80

    Camino 3: Integrar cadenas de compradores directos o indirectos.89

    Camino 4: Integrar ofertas complementarias de productos y/o servicios..95

SELECCIÓN DEL CAMINO DE INTEGRACIÓN 103
    Pirámide de alineamiento estratégico 105
BIBLIOGRAFÍA 107

PRESENTACIÓN

*La abundancia radica más
en la creación que en la operación.
Si quieres ser abundante,
se creador más que operador.*

Siempre he mencionado que, si queremos ser los mejores hay que aprender de los mejores, pero no solo aprender de los mejores, sino que hay que aprender lo mejor de los mejores. A nivel de crecimiento personal es lo más acertado. En ese sentido, quisiera empezar la presentación Inicial de este modesto trabajo, comentándole algo sobre lo relacionado al mundo de la consultoría, la asesoría y los consejos en negocios empresariales. He observado que muchos influencers, están promoviendo algunas ideas, un tanto falaces, en los jóvenes; ideas como de que para ser consultor, asesor o dar consejos sobre negocios, el único camino válido o el único consejo que sirve es el del "empresario millonario", bajo el argumento de que son personas con resultados y el resto no sirve, por no utilizar otros términos peyorativos que usan y que menosprecian a los demás; lo cual no necesariamente es cierto, ni siquiera es una verdad a medias, es una verdad a tercias en el mejor de los casos; y me gustaría explicarle el porqué. El problema es que muchos jóvenes seguidores de estas personas creen a ciegas estas cuestiones como una verdad absoluta e incuestionable, creando una ideología, religión o dogma más que nada; creyendo que solo sirve el consejo de estos influencers con "resultados de empresarios" -como ellos alegan decir que son-, ocasionándoles que no juzguen la realidad con un espíritu amplio, crítico y objetivo, sino como estos influencers quieren que la vean, tal vez, para vender sus productos, lo cual es bastante poco ético. Esto se debe probablemente, a que estos influencers han recibido su propia dosis de influencia de lo se dice en el libro Padre Rico Padre Pobre de Robert Kiyosaki, que continuamente lo citan, en donde se hace este tipo de afirmaciones, y que por lo visto repiten como cliché, siendo su único cerrado referente de donde han sacado tamaña afirmación.

Personalmente, en el mundo de la consultoría y los consejos empresariales, he identificado 3 tipos de paradigmas exitosos, no sé si habrán más, aquel que lo descubra y lo comparta para seguir creciendo, en buena hora, porque de eso se trata el conocimiento y la ciencia verdadera, de descubrir la verdad, para hacerla crecer y avanzar en beneficio de todos.

El primer tipo, es el investigador teórico nato, aquel que se ha entregado por completo al estudio, la investigación, el análisis y la teorización, desde la observación del campo práctico de la realidad hasta la generalización en lo teórico; producen y crean conocimientos que luego las personas, empresas y/o los gobiernos toman y aplican con resultados transformadores para su beneficio. Un par de buenos ejemplos representativos lo podemos encontrar en Peter Drucker, padre de la administración moderna[1], a quién se le pedía, en algún momento que gerencie empresas, como la General Motors, y siempre se negaba; él decía que los suyo era la investigación, que él había nacido para el estudio; por ello muchos lo recuerdan como el filósofo de la administración[2]. Otro gran ejemplo son los economistas y profesores de INSEAD[3], W. Chan Kim y Renée Mauborgne, autores de uno de los libros de estrategia más emblemáticos e impactantes jamás escritos[4], que también son teóricos, académicos e investigadores. A estos dos ejemplos, también podemos agregarle el caso de Daniel Kahneman, premio nobel de economía y uno de los creadores, gracias a sus investigaciones, de una nueva disciplina que

---

[1] *Peter Drucker, también es considerado por muchos como la segunda mente más brillante del siglo 20 después de Albert Einstein.*

[2] *Winston Churchill, ex premier inglés y premio nobel de literatura, dijo alguna vez que no lo valoraba como consejero empresarial, sino como uno de los teóricos sociales más importantes del siglo XX, que había evaluado correctamente y desde muy temprano los peligros del fascismo y del socialismo.*

[3] *INSEAD es la segunda escuela de negocios más importante del mundo.*

[4] *Véase Chan Kim y Renée Mauborgne, La Estrategia de Océano Azul (2005), considerado uno de los 10 mejores libros de negocios del 2005 por Amazon.com, y uno de los 40 libros más influyentes en la historia de la República Popular China de 1949 a 2009, junto con La Riqueza de las Naciones de Adam Smith.*

denominan la economía del comportamiento[5]. En los tres casos no se trata de empresarios, sino de teóricos natos de la investigación y la economía empresarial con enormes aportes para la humanidad; quién estaría loco para decir que su asesoría o consejo no es digno porque no son empresarios o porque no tienen resultados como tales. Por demás, sería un completo absurdo.

El segundo perfil identificado, es el que combina tanto la teoría como práctica empresarial, para mí es el perfil más completo, porque crean conocimientos, teorías y conceptos empresariales, que ellos mismos en su práctica los emplean y ponen a prueba. Un buen ejemplo de este perfil es el de James McKinsey, que fue un contador, profesor universitario y teórico, considerado uno de los padres de la contabilidad gerencial, y fundador de McKinsey & Company, considerada la consultora de negocios más grande del mundo. Podemos citar también a Michael Porter, quién es ingeniero, economista, investigador, académico y empresario, considerado el padre de la estratégica competitiva; propuso el innovador concepto de la ventaja competitiva que hoy se utiliza mucho en el mundo empresarial. Otro ejemplo lo podemos encontrar en el peruano Hernando de Soto, que aparte de ser un gran teórico e investigador para el desarrollo económico y considerado por el ex presidente estadounidense Bill Clinton como el economista vivo más importante del mundo, también es fundador del Instituto Libertad y Democracia –una de las fábricas de ideas más importantes del mundo- y además tiene experiencia como directivo y gestor de grandes corporaciones en el mundo.

Y el tercer tipo de consejero, es al que podrían llamarle mentor, que es el emprendedor neto, de espíritu empresarial puro, el que empezó haciendo negocios y empresas tempranamente, y esa es su dedicación pura y exclusiva; podríamos decir que es el empírico nato. En este perfil, podemos citar al gran Warrent Buffet, que se inició en el mundo de las inversiones muy joven y a pesar de que estudio economía, es apodado el oráculo de Omaha y considerado el mejor inversionista de la historia; jamás ha escrito un libro en su vida. Otro caso sería el del multimillonario ingles Sir Richard Branson, fundador de la corporación Virgin Group, un emprendedor nato, que también se inició muy joven fundando una revista y recientemente ha incursionado en la autoría de libros, pero no es un teórico sino un empírico puro, el emprendedor por naturaleza que transmite su experiencia.

---

[5] *Véase Daniel Kahneman, Pensar rápido, pensar despacio (2017).*

En todos estos casos citados, se combinan diversos tipos de experiencias, y todas son muy valiosas[6], no solamente la del empirismo puro; que es como están haciendo creer falazmente a muchos jóvenes. A ello, hay que agregarle -una característica resaltante más- que todos son creadores más que operadores, como bien dice la frase que ponemos al inicio de este primer apartado, que precisamente es la clave para superar las crisis económicas y generar abundancia, como veremos más adelante. Necesitamos más creadores que operadores y uno de los caminos propuestos para lograr esto, es el camino de la integración que hace del emprendedor un pionero e innovador, logrando creadores trasformadores de la realidad, que es lo que más necesitamos, hoy en día, en estos tiempos de recesión y crisis económica.

La guerra es un juego, si cabe el término, de suma negativa; es un juego donde todos pierden. Por otro lado, la competencia es un juego de suma cero, donde unos ganan y otros pierden. Pero la cooperación y la sinergia es un juego de suma positiva, donde todos salen ganando y el todo es más que la suma de sus partes, es puramente multiplicador. Busquemos más cooperación y sinergia para ganar todos, busquemos integración para cambiar la realidad donde todos salgan ganando. Esa es la idea básica y general de la integración que se pretende plantear en este modesto trabajo, para crear una realidad donde todos ganen; gane el empresario, gane el trabajador, gane el consumidor, ganen los proveedores y gane la comunidad en general.

George Stephenson, un autodidacta, tuvo una experiencia como trabajador de una mina de carbón, donde empujaba un vagón de carga guiado por pequeños rieles, y luego en su experiencia como conductor y supervisor de una máquina que drenaba minas inundadas; tuvo la innovadora idea de integrar la capacidad de la máquina con la estructura mecánica del vagón y los rieles guiados. Esta visión integradora sobre ambas realidades le permitió crear una máquina de transporte de carga que bautizó como el Rocket y que le valió convertirse en el creador de la primera y revolucionaria locomotora de vapor que luego beneficio al mundo entero. Como vemos, la integración genera una extensión, transformación y expansión del conocimiento y la realidad.

Steve Wosniak, era un tipo que si le ponías a hablar en público sufría de gran pavor y miedo escénico que era capaz de salir corriendo del

---

[6] *Según Adam Grant, existen dos tipos de innovadores: los innovadores conceptuales y los innovadores experimentales. En el caso de Drucker, Kim y Mauborgne, podríamos decir que son innovadores conceptuales, porque han llevado de la realidad y las ideas a la teoría, a través de sus estudios y reflexiones. Y en el caso de Kahneman, estaríamos frente a un innovador experimental, porque el resultado de muchas de sus investigaciones y teorías, son fruto de experimentaciones reales en laboratorio, con pruebas y ensayos.*

auditorio; sin embargo, era un brillante genio de la matemática, la ingeniería y la inventiva. Tanto era su talento que lograba inventar artefactos tecnológicos que conectaba con las redes de los postes de teléfono y con sus amigos lograban poder llamar hasta el papa en el mismo Vaticano. Si este personaje no se hubiera conocido con el otro Steve, quién era un brillante visionario, emprendedor y orador terriblemente elocuente, posiblemente jamás hubieran fundado la que en algún momento se convertiría en la empresa más valiosa del mundo. Lo que se logró con este encuentro de mentes creadoras fue la integración de lo mejor de ambos talentos excepcionales, uno poseía la visión comercial y de mercado, y el otro poseía la capacidad técnica, inventiva y creativa para lograr un producto innovador. Fue así como crearon la Apple I, su primer ordenador personal, que fue el comienzo de uno de los mayores éxitos comerciales en la historia de los computadores personales y la tecnología. Esta fue la formula esencial de su éxito, integrar lo mejor de ambas capacidades, la de Steve Wosniak y la Steve Jobs. La creación integralista es un camino innovador por excelencia y naturaleza; y el concepto integralista, que pretendemos proponer aquí, no debería ser la excepción. Por lo menos, con estos ejemplos, nos debe quedar claro que la integración es pieza clave para lograr innovación, transformar la realidad y convertirse en líder pionero de su campo o industria.

Hace años –unos pocos o muchos creo-, cuando leí apenas una parte que pude sacar en copias fotostáticas[7] del libro La Estrategia de Océano Azul, en aquel momento pensaba: *"me gustaría algún día poder enseñar esto"*. Algunos años después, compré la colección completa y los devoré por el derecho y por el revés, y nuevamente me dije: *"caray, pero si estas ideas son completamente revolucionarias para el management y la innovación de los emprendedores, me gustaría algún día poder enseñarlas y difundirlas"*. Ahora, mire usted como es el destino y a lo que te lleva la vida, del pensamiento a la acción[8], hoy en día no solo estoy pretendiendo hacer esos pensamientos, sino que, gracias a ello, estamos proponiendo algunas ideas basadas en estas investigaciones, herramientas y conceptos revolucionarios, que vienen a formar parte de lo que yo llamo *el nuevo paradigma del siglo 21 en estrategia empresarial de mercado* y que tiene que ver justamente con el concepto de integración que pretendemos proponer en este texto.

---

[7] *En aquellos tiempos, cuando éramos estudiantes de universidad estatal, apenas podíamos sacar copias para estudiar porque no nos alcanzaba el dinero para comprar un libro original.*

[8] *Algunos estudiosos de la programación neurolingüística, le llaman aparte de esto el método PEAR, que es el acrónimo de pensamientos, emociones, acciones y resultados; como una consecución y secuencia de ideas que van desde el pensamiento hasta el logro de resultados, a través del dominio de este método secuencial.*

Como alguna vez Klaus Schwab –fundador del Foro Económico Mundial- le dijo a Marc Benioff –fundador de Salesforce-: *"Integración es la palabra número uno en la que tienes que pensar para tu empresa"*[9]. Pero, cuando hablamos de integración de mercados, la mayoría de la gente, únicamente la entiende como un concepto macroeconómico relacionado a la economía internacional, la globalización y los mercados internacionales, seguramente porque es como generalmente se utiliza el término en la actualidad. En nuestro libro Dirección Estratégica para negocios (Mipymes), también hemos hablado de estrategias de integración, pero como parte de un tipo de estrategias generales y convencionales que pueden seguir las empresas cuando actúan sobre mercados ya estructurados intentando dominarlos, a través de la compra sobre otras empresas –como pueden ser distribuidores, proveedores o lo propios competidores-, sin mayor ambición y visión de transformar la estructura del mercado; estrategias como la integración directa hacia delante, la integración directa hacia atrás y la integración horizontal son estrategias, valga la redundancia, que solo intentan dominar otros mercados a través de la compra o adquisición de otras empresas, pero que no cambian, restructuran ni transforman los mercados, por eso les llamo estrategias tradicionales o convencionales. Tanto la estrategia de integración de mercados tomada como un concepto relacionado a la economía internacional y los mercados internacionales, como las estrategias generales de integración no deben ser confundidas con el concepto de integración planteado en este trabajo.

Lo volvemos a repetir para que quede bien claro, la integración de mercados, como se propone aquí, no debe ser entendida como un concepto de economía internacional, ni tampoco como una estrategia general de integración, que intenta dominar otros mercados, a través del control o compra de otras empresas; sino que debe ser entendida como una estrategia empresarial de mercado, que explora directamente los mercados, no va hacia otras empresas para comprarlas, sino directamente a los mercados para integrarlos y buscar crear nuevos espacios de mercado; en otras palabras, para detectar nuevas demandas o necesidades no atendidas, intentando transformar y reestructurar los mercados para crear nuevas y más industrias. La diferencia con la integración de mercados de la economía internacional es que no se refiere a los mercados internacionales y la diferencia con las estrategias generales de integración es que no se dirige a comprar o controlar otras empresas.

En esta parte, también me parece importante aclarar a nuestro querido lector que, hablar de integración de mercados no slgnifica ser todo para todos los clientes o todo el mercado en ningún sentido, como de

---

[9] *Véase Marc Benioff, Pionero (2020).*

repente se le pueda ocurrir a alguien por ahí; éste es uno de los más grandes errores que cometen la mayoría de emprendedores al no saber determinar su mercado objetivo, que empiezan intentando ser todo para todos y que al final resultan siendo nada para nadie, lo cual termina siendo un verdadero fracaso.

La integración de mercados es el nuevo concepto clave para el crecimiento y desarrollo de las micro, pequeñas y medianas empresas (mipymes), es el enfoque ideal para estas empresas dado su tamaño y capacidad. El enfoque de integración, incluye una integración de beneficios (características) y de mercados propiamente dichos. En otras palabras, a la lupa integralista le estamos dando dos enfoques, uno desde la integración de diversas oportunidades, fortalezas y capacidades –como en el caso de los ejemplos de Stephenson, Wosniak y Jobs- y el otro, de la integración misma de los mercados –o segmentos- para crear nuevos espacios.

En ese sentido, en este pequeño texto, planteamos la integración de mercados -que también ya lo habíamos propuesto en nuestro primer libro Dirección Estratégica para negocios (Mipymes)-; concepto que lo considero un hijo, un alero y una espada de la estrategia de océano azul que promueve el revolucionario camino para la creación de nuevos espacios de mercado. Esta es una idea reforzadora del gran aporte al management moderno de Kim y Mauborgne, quienes son la base y los hombros de gigante, que alguna vez mencionó Isaac Newton, de los cuales se sostiene esta idea; en donde proponemos que esta estrategia es la estrategia ideal, valga la redundancia, y mejor recomendada para nuestras micro, pequeñas y medianas empresas (mipymes) que son la fuente de trabajo y producción, que representan más del 95% de la demografía empresarial y ocupación en el mundo, y que por ello jamás debemos dejarlas de lado.

Este libro está compuesto en la primera parte, por el planteamiento del nuevo paradigma del siglo 21 de la estrategia empresarial de mercado, donde hacemos algunas reflexiones, y explicamos mediante ejemplos de casos en la historia en donde la integración se ha logrado aplicar por diferentes personajes exitosos, teniendo como eje este concepto de la integración; así como también presentamos, de manera gráfica, el modelo las dos estrategias empresariales del nuevo paradigma: *segmentación de mercados vs integración de mercados*. Luego planteamos a lo que he dado por llamar el ciclo de la estrategia empresarial de mercado, en donde explicamos de manera gráfica, cómo es que se genera un ciclo continuo, dentro de la experiencia del estratega o emprendedor, una interacción entre lo que denomino, estrategias azules y estrategias rojas, y cómo estas te llevan a los llamados océanos azules u océanos rojos; y en donde, vemos que las estrategias azules generan mayor crecimiento y desarrollo a diferencia de las estrategias rojas que juegan dentro de lo mismo sin ningún cambio trascendente. Luego mencionamos, los principios fundamentales de estrategia, que son críticos y que todo emprendedor debería saber para aprovechar mejor este nuevo planteamiento.

En la segunda, tercera y cuarta parte, siguiendo el principio de trabajar de fuera hacía dentro, y que se tendrá en cuenta en todo lo siguiente del texto, hacemos referencia a la exploración de los puntos clave de dolor y puntos de clave de valor, haciendo un análisis sencillo de lo que es el mapa de utilidad del consumidor; la exploración de los tres niveles de no clientes y la exploración de los cuatro caminos de la integración de mercados; donde analizamos y hacemos algunas adaptaciones de algunas herramientas y ejemplos propuestos por nuestros maestros Kim y Mauborgne, para entender el concepto de la integración de mercados. A ello le agregamos y contrastamos la experiencia y aportes de otros grandes intelectuales de renombre mundial como Michael Porter, Peter Drucker, Alvin Toffler, Adam Grant, Daniel Kahneman entre muchos otros con algunas reflexiones sobre mi experiencia y observaciones como consultor, estudioso e investigador en este fascinante campo del emprendimiento y la estrategia empresarial.

En la parte final planteamos la selección del camino de integración, que es hasta donde se pretende llegar con el objetivo del texto, y luego mostramos la pirámide de alineamientos estratégico, fundamental para entender cómo debe alinearse una buena estrategia sea de integración o de segmentación.

Debo dejar bien en claro, estimado lector, que, en este pequeño manual, tampoco pretendemos inventar la pólvora, estamos más bien facilitándola y haciéndola llegar para todos ustedes. Ya que necesitamos, de manera urgente, integradores de mercados que contribuyan, que descubran nuevos espacios, nuevos sectores y nuevas industrias, para generar crecimiento y desarrollo económico y salir de las graves crisis económicas que estamos enfrentando en la sociedad.

Espero que este modesto trabajo despierte y amplié su visión del mercado, su visión de emprendimiento y pueda ver con otros ojos, pueda ver con la mente, con una mente amplia y abierta, pueda ver fuera de la caja, utilizando el pensamiento lateral más que el lineal, pueda ver con la lupa integradora y le despierte las mejores ideas que tenga para adaptarlas a su modelo de negocio o emprendimiento; también le permita motivar su creatividad y logre convertirse en un pionero innovador y transformador del mercado alcanzando el éxito que usted se merece lograr. ¡Buena suerte!

EL NUEVO PARADIGMA DEL SIGLO 21

> *Existen dos clases de estrategias:*
> *las estructuralistas que creen que el*
> *entorno operativo es inalterable, y las*
> *reconstruccionistas que persiguen*
> *modificar el entorno.*
> **Chan Kim / Renée Mauborgne**

Uno de los periodistas de investigación en economía más influyentes de América Latina, en uno de sus Best Seller titulado ¡Basta de Historias!, nos menciona, y con mucha razón, que la tarea indiscutible en pleno siglo 21, es y será la de la economía del conocimiento, propuesta el siglo pasado por el visionario austriaco Peter F. Drucker[10], en donde los recursos naturales ya no son los que producen más crecimiento, contrariamente a lo que salen a decir los llamados "expertos" en los medios de comunicación que se basan en el viejo esquema que nos han enseñado de la trasnochada disputa entre el pensamiento de izquierda y el pensamiento de derecha. Como

---

[10] *Véase Peter Drucker, La Sociedad Post Capitalista (1994).*

explica Oppenheimer, los países que más están avanzando en el mundo son los que le apostaron a la innovación en productos y servicios de mayor valor agregado; y esto se refleja claramente cuando vemos que en 1960 las materias primas constituían el 30% del producto bruto interno mundial, mientras que en la década del 2000 representa apenas el 4% del mismo; debemos entender que el grueso de la economía mundial se encuentra en el sector servicios con 68% y el sector industrial con 29% según cifras del banco Mundial.

En su libro, Oppenheimer[11], nos dice que hemos pasado de una sociedad agrícola, a una sociedad de trabajadores industriales y a una sociedad de trabajadores de la economía del conocimiento, y que ahora estamos dando otro paso adelante, a una sociedad de creadores, reconocedores de tendencias y creadores de sentido[12]. Esta es la última realidad que tenemos, y a la cual tenemos que subirnos, de lo contrario seguiremos en el subdesarrollo viviendo realidades de otro momento, congelados en el tiempo, sin entender el verdadero camino de la innovación y la creación.

Cuando hablamos de países no implica que las empresas deben ser ajenas a ello, sino todo lo contrario. La idea de la innovación es un tema que lo han trabajado los países desarrollados y por ende sus grandes empresas; en donde muchos de ellos, que hasta hace 4 o 5 décadas, eran economías incluso muchos más pobres que los países de Latinoamérica, aplicaron la clave de la innovación y el hecho de descubrir otros caminos propios y nuevos que los conviertan en pioneros en el campo de los servicios y la industria descubriendo nuevos mercados, accediendo al primer mundo, a través de este desarrollo, que prósperamente han logrado generar con sus innovaciones.

Steve Jobs, uno de los más grandes innovadores de los últimos tiempos, nos decía que cuando nosotros dirigimos una empresa no solo debemos saber qué es lo que debemos hacer, sino también que es lo que no debemos hacer; para él, innovar significaba decirles no a miles de cosas. Muchos estrategas, empresarios y emprendedores; cometen el error, en sus negocios, sea de manera consciente o inconsciente, de diluirse por un sin número de problemas y cosas al interior, que les hacen perder completamente la verdadera perspectiva; se dispersan y tratan de solucionar todos los problemas y asuntos de su empresa casi al mismo tiempo, sin percatarse, que tal vez, la solución sea dejar de ocasionar esos

---

[11] Véase Andrés Oppenheimer, ¡Basta de historias! (2018).

[12] Alvin Toffler, visionario, filósofo y futurólogo investigador, le llamó a esto la "era del prosumidor". Véase Toffler, La Tercera Ola (2012).

problemas haciéndose las preguntas correctas para obtener la mejores soluciones (respuestas correctas).

Como decían por ahí, el problema de los gerentes no es que tengan las mejores soluciones, el problema de los gerentes es que no saben plantearse las preguntas adecuadas para obtener las mejores soluciones adecuadas a sus dilemas empresariales. Uno puede tener las mejores soluciones a un problema, pero si ese problema se ha resuelto con la pregunta incorrecta o se ha planteado mal, no será la mejor solución y es posible que el problema vuelva a aparecer en el corto, mediano o largo plazo nuevamente; generándose un círculo vicioso de nunca acabar. En cambio, si partimos de la pregunta correcta al problema, esa solución puede ser sostenible y duradera en el tiempo, produciéndose los mejores resultados para su negocio o empresa. La mejor solución a un problema es la que responde a la elección de la mejor pregunta planteada para ese preciso problema. Esto es a lo que Peter Senge en su libro La Quinta Disciplina denominó soluciones fundamentales y no soluciones sintomáticas.

Ahora, cuando resolvemos problemas, saber qué hacer y sobre todo saber que no hacer, forma parte de las soluciones fundamentales que menciona Senge, que a su vez forman parte de la innovación; la cual podremos hacerla posible gracias a la aplicación del enfoque de integración para descubrir nuevos caminos. Cuando hablamos de integración, tal vez el lector podrá imaginarse que nos estamos refiriendo a la unión o arrejuntamiento de ciertas cosas. Creo que su intuición no es lejana a esos términos; pero, en el campo que pretendemos aplicarlo, tenemos que agregarle algo más que nos va a permitir diferenciarlo o comprenderlo mejor, nuestro objetivo es darle un significado de estrategia gerencial o empresarial.

Isaac Newton, padre de la física clásica, dijo alguna vez en una de sus cartas, que lo que él había descubierto se asemejaba a algo así como el juego de un niño en la orilla del mar y que, para poder ver mucho más allá de la orilla, tuvo que sentarse sobre hombros de gigantes. Estos gigantes, a los que él se refería, eran nada menos que los grandes científicos e intelectuales de la edad media y pre moderna que le precedieron, como Galileo Galilei, Johannes Kepler y Descartes, entre muchos otros. Todos estos gigantes a los que Newton hace alusión y cuyos hombros utilizaba, no eran otra que cosa que los grandes aportes y avances que hicieron a la ciencia de ese entonces, y de lo cual Newton se apoyó, utilizando lo mejor de aquellos grandes hombres para extender, ampliar y hacer nuevos descubrimientos para la ciencia. Es decir que tomo lo mejor de cada uno para descubrir nuevas cosas que revolucionaron la ciencia de aquel entonces, lo mismo hizo el gran Albert Einstein. A esto es a lo que denomino hacer integración en el conocimiento para descubrir otros nuevos conocimientos y generar innovación, expansión, descubrimiento, crecimiento y desarrollo en una determinada área del saber humano.

Ejemplos de integración, a través de la historia, podemos encontrar muchos, como los casos de Aristóteles y Demóstenes, grandes eruditos de la antigua Grecia, que inclusive hoy en nuestros días los citamos y mencionamos en algún momento. Los trabajos de estos grandes hombres fueron las aplicaciones de metodologías integradoras con bases y sustentos en los trabajos de otros grandes sabios de la época o épocas anteriores no menos célebres, que utilizaron para realizar sus planteamientos y propuestas en sus escritos, que dieron mucho que hablar en aquellas épocas y que, a más de dos mil años después, seguimos citándolos y hablando de ello. Demóstenes lo hizo con la oratoria y la retórica; y, aplicando este enfoque, a Aristóteles podríamos considerarlo el primer integrador de la historia en el campo de la filosofía y no por algo, esa metodología le ha valido para ser considerado como uno de los padres de la filosofía occidental y padre de la filosofía sistemática.

Otro buen ejemplo de integración, lo podemos encontrar en el mundo de las artes marciales y el cine de acción. Usted habrá escuchado de Jean Claude Van Damme, considerado una leyenda viva de la acrobacia marcial; este gran actor, logró integrar la técnica de la elasticidad que le brindo la práctica del valet clásico con las mejores técnicas del karate para realizar patadas voladoras, consiguiendo hacerlas con ambas piernas en aperturas de 180 grados y que enloquecieron millones de fans de la década de los 80 y 90; gran parte de ello es lo que le valió distinguirse y alcanzar tanto éxito que lo catapultó a la fama, volviéndose un pionero innovador al realizar patadas voladoras, únicas en su estilo, que se disfrutaron en el cine. De la misma manera, podríamos explicar el caso de la gran leyenda Bruce Lee, que, en su estudio tan profundo de las artes marciales, integro lo mejor de cada una de ellas para dar como resultado su propio sistema de pelea mejorado llamado por él mismo Jeet Kun Do y que le dio un estilo propio y único. Como podrá observar, en ambos casos, estas leyendas no hicieron otra cosa que hacer integración para lograr innovación con un resultado mejor, diferente y único que los catapulto a la fama mundial.

Por ello, podemos decir que el enfoque de integración forma parte importante del avance y desarrollo de nuestras ciencias, artes y conocimientos, que nos han ayudado a tener mayor consciencia del mundo para saber cómo es que funciona. Forma parte importante del despegue e iluminación que ha experimentado la humanidad.

Alguna vez, también vi una entrevista que le hacían a un filósofo, escritor y catedrático universitario muy exitoso de una universidad europea, que no recuerdo su nombre, tenía una enfermedad congénita como es el autismo o algo parecido, y que, sin embargo, ello no le impidió lograr el éxito que había obtenido. En aquella entrevista, el periodista le preguntó algo así como que es lo que necesitamos para lograr innovación y hacer que el conocimiento crezca, a lo que él respondió que lo que deberíamos hacer, sea en el campo en el que quisiéramos tener éxito, es que debemos estudiar y tomar lo mejor de determinadas disciplinas o experiencias de otros campos para encontrar nuevas respuestas o soluciones a los diferentes problemas que se presentan en la realidad; mencionaba que solo así podremos lograr que el conocimiento avance y lograr mayor desarrollo para nosotros mismos.

Aquel ejemplo de este reconocido intelectual me dejó reflexionando, sobre lo que ya hemos venido mencionando en párrafos anteriores, de cómo es que podemos usar la integración para expandir y descubrir nuevas cosas, siendo esta una gran forma de podernos ayudar a nosotros mismos a crecer y desarrollar como seres humanos. Esto claramente lo demuestra la historia, como ya lo venimos mencionando.

Si vamos al campo de la investigación aplicada[13], tenemos el caso de Israel, considerado el país número 1 de los emprendedores, en donde al inventor de la píldora cámara para trasmitir fotografías del interior del cuerpo humano, un ingeniero de misiles llamado Gavriel Iddan, se le ocurrió la brillante idea de utilizar la tecnología óptica de las cámaras ubicadas en la punta de los misiles para poder divisar objetivos, y llevar esta tecnología a la industria médica de las píldoras, desarrollando así la píldora cámara que permite descubrir enfermedades dentro del cuerpo humano. Eso definitivamente es una integración de diferentes disciplinas para la innovación, el desarrollo y el bienestar del ser humano.

Como nos menciona Néstor Braidot -uno de los pioneros en la aplicación de la neurociencia al campo empresarial-[14], que en las sociedades humanas pocas son las creaciones que son radicales y la gran mayoría consiste en una nueva combinación de conocimientos ya existente; por ejemplo, que no hubiese podido ser posible enviar una sonda a Marte sin apoyarnos de los aportes de la matemática y la física. Eso, es otro

---

[13] *La investigación aplicada es aquella investigación que se realiza con el fin de desarrollar productos o servicios que contribuyan a resolver problemas o satisfacer necesidades de determinados sectores y/o mercados en donde se demanda soluciones que sean rápidas, económicas y no requieran de grandes capitales como, en cambio, lo requiere la investigación científica que, por la magnitud y rigurosidad de sus requerimientos, por lo general lo realizan los gobiernos que cuentan con enormes cantidades de presupuestos. Una de las claves para los países y regiones pobres o en vías de desarrollo está en concentrar el desarrollo de mayor investigación aplicada por su accesibilidad, menores recursos económicos y resultados efectivos.*

[14] *Véase Néstor Braidot, Neuromagement (2012)*

ejemplo más de integración para obtener resultados innovadores y superiores en el campo de la astronomía.

Como hemos podido observar, el enfoque de integración es fundamental para generar nuevos caminos, para expandir el conocimiento, para encontrar nuevas oportunidades, nuevas vías de crecimiento y desarrollo; en otras palabras, el enfoque de integración es fundamental para lograr innovación, para hacer cosas nuevas y convertirnos en pioneros; si lo que queremos es trascender como lo han venido haciendo aquellos hombres y mujeres que marcaron un hito en la historia de la humanidad.

Tony Robbins, el coach de desarrollo personal más influyente del mundo, menciona en uno de sus libros, que para que podamos desarrollar el éxito deberíamos modelar a personas exitosas, hacer lo mismo que ellos hacen, copiar sus hábitos y actitudes. De acuerdo con esta propuesta, tarde o temprano los igualaremos o, en el mejor de los casos, los superaremos. Esta propuesta es muy parecida al método japonés que llevó a Japón a la excelencia y la calidad conocido como el milagro japonés, luego de la segunda guerra mundial, con su filosofía: "imitar, igualar, superar"; la cual fue muy efectiva recorriendo caminos ya establecidos como la imitación de las tecnologías americanas, o el caso de Corea del Sur, también muy parecido. En cambio, en el enfoque de integración, lo que se busca es cogerse lo mejor y generar una nueva propuesta completamente diferente que ya no vendría a ser un camino ya recorrido, sino uno nuevo por recorrer. Con el enfoque de integración, lo que estaríamos logrando –y disculpen la insistencia, pero se reitera para que quede claro- es crear nuevos senderos, con lo cual nos convertiríamos en pioneros e innovadores, trazando una nueva trayectoria y trascendiendo en cualquier campo. Esa es la idea básica y fundamental del enfoque de integración del cual nos sostendremos.

Como idea básica y general de la integración, y como hemos visto en lo mencionado y los ejemplos anteriores; lo entenderemos como un enfoque en el cual, podremos coger lo mejor de diferentes campos e integrar un nuevo conocimiento, un nuevo método o aplicación sea en cualquier campo, personal, profesional, académico, empresarial, económico, etc. Ya saben, los puntos se unen en algún momento -decía Steve Jobs en un discurso en la Universidad de Stanford-.

Determinación del mercado objetivo: segmentación de mercados vs integración de mercados

Teniendo en cuenta, todo lo anterior mencionado como punto de partida y llevándolo a donde nos interesa; es decir, el campo de la empresa, el mercado y la industria, tendremos en cuenta para este análisis, como base, los resultados de las investigaciones de W. Chan Kim y Renée Mauborgne, considerados por Tinkers50[15] como los "Creadores del gran Concepto Estratégico del siglo XXI", puesto #1 en el ranking Tinkers50 (2019) y padres de la Estrategia de Océano Azul, que en su Best Seller del mismo nombre nos proponen una serie técnicas y métodos para lograr ingresar a un mercado sin que haya necesidad de competir o la competencia pierda toda importancia; sino por el contrario, descubrir nuevos espacios de mercado completamente inexplorados por la mayoría al que denominaron océanos azules, mercados vírgenes donde la competencia no tiene ninguna importancia. Ello, lo intentaremos adaptar a la realidad de nuestras micro, pequeñas y medianas empresas (mipymes) que representan el 90% de las empresas, entre el 60 y 70% del empleo y el 50% del PBI en el mundo[16].

Parte de este planteamiento es a lo que he llamado **enfoque de integración de mercados**, que lo propuse en mi primer libro denominado Dirección Estratégica para negocios (Mipymes); en donde, al enfoque convencional que todo el mundo utiliza en el mundo empresarial y que todos lo repiten como es la "*segmentación de mercados*", se plantea una nueva alternativa que es la "***integración de mercados***", en donde la consigna es y debe ser que el micro, pequeño y mediano empresario (mipyme) debe volverse más creativo e interpretativo del mercado, sin la necesidad inquebrantable de grandes capitales para innovar; creando de esta manera, a través de la integración, nuevos espacios que nadie ha explorado y volviéndote, de esta manera, un pionero e innovador en el campo de tu emprendimiento o empresa.

A estos dos enfoques planteados, tanto el de segmentación como el de integración, lo denomino "***determinación del mercado objetivo***" y que, valga la redundancia, debe responder a la pregunta: ¿Cuál es tu mercado objetivo? ¿Cómo determinaras tu mercado objetivo? O ¿Vas a segmentar mercados o vas a **integrar mercados**?; en donde, ya no solo existe la segmentación como la mayoría de la bibliografía, los llamados gurús y los estudios de mercado tradicionales lo exponen; siguiendo únicamente un solo tipo de estrategia convencional que es la de segmentar los mercados, aplicado para todo tamaño de organización y omitiendo completamente la otra alternativa como es la integración de mercados. Entonces, la determinación del mercado objetivo, lo pueden constituir una u otra alternativa, de acuerdo con la elección de la estrategia que se quiera implementar; siendo la integración de mercados, una alternativa creativa de descubrimiento de nuevos espacios y no de seguir haciendo siempre lo

---

[15] *Tinkers50 es considerado como los Premios Oscar o los Premios Grammy a los mejores gurús y pensadores más influyentes en la gestión de negocios en el mundo.*

[16] *Véase https://www.un.org/es/observances/micro-small-medium-businesses-day#:~:text=Las%20microempresas%20y%20las%20peque%C3%B1as%20y%20medianas%20empresas%20(MIPYME)%20representan,el%2050%25%20del%20PIB%20mundial.*

mismo que la competencia, que es lo que hacen erróneamente la gran mayoría de emprendedores, sin importar el tamaño de su empresa y la limitación de sus recursos.

Entonces, estaríamos planteando, una nueva clasificación en las alternativas estratégicas para la empresa, siguiendo un nuevo paradigma, en donde determinamos nuestro mercado objetivo, a través de dos alternativas: la segmentación de mercados y *la integración de mercados*. Este sería el nuevo paradigma de clasificación de estrategias empresariales para lograr mercados objetivos. Véase figura N° 1. Como se puede ver en la figura, el objetivo de descubrir o determinar mercados se logrará por cualquiera de estas dos estrategias. Hemos pintado de color rojo la estrategia de segmentación de mercados, porque es una estrategia que se emplea dentro de mercados establecidos llenos de sangre (océanos rojos), por la avorazada competencia imperante dentro de estos y de color azul, a la estrategia de integración de mercados, porque es la estrategia descubridora de nuevos espacios donde no hay competidores, sin sangre (océanos azules); y no es solo una metáfora o poesía como dice Michael Porter. Este vendría a ser el nuevo paradigma del siglo 21 en estrategia empresarial de mercado: segmentación de mercados vs integración de mercados (figura 1).

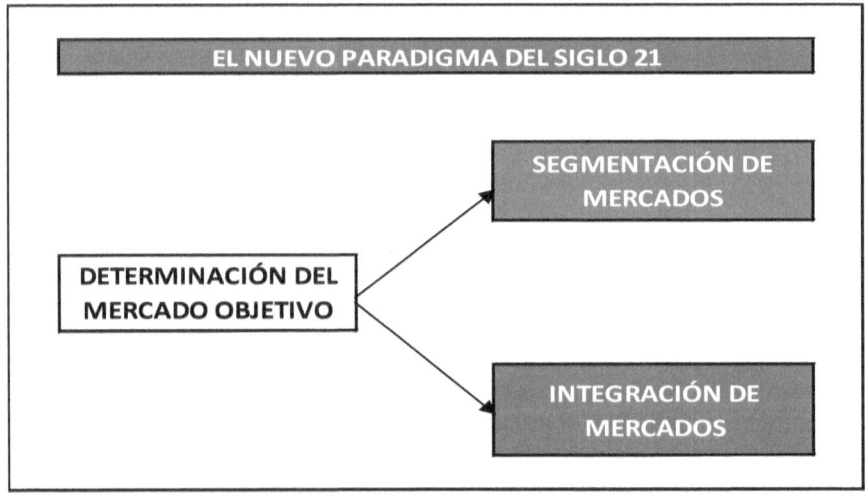

Figura N° 1: El nuevo paradigma del siglo 21 en estrategia empresarial para la determinación del mercado objetivo. segmentación de mercados vs integración de mercados

Cuando hablamos de crear nuevos espacios de mercado o de descubrir nuevos mercados –como mejor se ajuste a nuestro querido lector-

, estamos hablando de convertirse en pioneros de esos mercados o nuevas industrias creadas, fruto de esos descubrimientos. Existen autores muy reconocidos a nivel mundial, como es el caso del gran académico y científico Adam Grant[17], que en uno de sus grandes Best Seller titulado Originales, defiende –al parecer a capa y espada y que es necesario aclarar para no confundir a nuestros emprendedores- el tipo de estrategia a la que se denomina estrategia seguidora; en donde, la recomendación de este gran académico, nos habla de destruir "el mito del pionero". Nos menciona de un estudio, por ejemplo, que dio como resultado una diferencia asombrosa en las tasas de fracaso de un 47% para los pioneros frente a un solo 8% para los colonos[18], agregándole a ello, por poner solo una muestra de ejemplo, de que el crecimiento de los pioneros se ve obstaculizado por el hecho de que tienen que convencer a sus clientes de que crean que cambiar es costoso.

A lo señalado por Grant, que es claramente lo opuesto a lo planteado en este modesto trabajo, y que puede confundir mucho a los emprendedores e innovadores, podemos ver claramente que en lo que afirma hay una clara limitación de no estar consciente o de no incluir otros aspectos o factores que son importantes y que, al parecer, no los está observando. Empezaremos por lo último mencionado por Grant, cuando señala de que se tiene que convencer a los clientes de que cambiar no es costoso. En esta afirmación tenemos dos falacias, la primera es que la medición con la que hace esa afirmación está completamente tomada de la estrategia convencional que la mayoría realiza y que es la de centrarse de dentro hacía afuera –centrados en la eficiencia o en lo que Porter denomina eficacia operativa-. Este tipo de estrategias hace que, por error -y lo he visto cotidianamente en la mayoría de emprendedores que he tenido contacto- primero creas el producto y luego tratas de buscar recién o convencer a tu cliente o clientes de que te compre o abandone a tu competidor; esa estrategia, es por demás clásica y convencional, lo hace la mayoría y es, por defecto, como también lo está viendo Grant, por ello dice que tienes que convencer al cliente, dando por sentado que se han centrado primero en hacer el producto sin saber si el cliente lo quiere, está convencido o no; he ahí el primer error que comete en esa afirmación. El segundo yerro,

---

[17] En nuestro primer libro, Dirección Estratégica para negocios, comentamos sobre algunos autores que sostienen que en los equipos siempre debe haber opositores que vayan a contracorriente para que se generen mejores resultados; desconociendo por completo que los quipos de alto rendimiento, si bien es cierto de poseer heterogeneidad técnica (diferentes capacidades técnicas y aptitudinales), deben tener algo a lo que llamo homogeneidad actitudinal que se convierte en una sintonía cultural dentro de la empresa (compartir, valores, principios, misión, visión y propósito personal y organizacional), que es clave para lograr grandes resultados; cosa que dista mucho de lo que mencionan algunos de estos autores, que por lo menos, en el mejor de los casos genera cierta confusión en los lectores informados. Uno de estos autores que propone también esto es precisamente Adam Grant.

[18] Véase Adam Grant, Originales (2017).

prácticamente viene del primero, cuando evitas centrarte de dentro hacía fuera haciendo lo contrario, la necesidades y deseos de tu cliente son lo primero y crítico que tienes que abordar, lo más importante, creas productos centrados en eso que ellos necesitan y/o desean, tanto en valor como en precio, exploras primero quienes serán tus clientes –determinación del mercado- y, de acuerdo a sus necesidades, recién les creas el producto y/o servicio; eso evita, justamente lo que menciona Grant, de tener que decirle o intentar convencerle que no es costoso que cambie de proveedor y te consuma, porque ya has trabajado sus necesidades y le será mucho más fácil comprarte solo conociendo tu producto y/o servicio; más adelante ampliaremos todo esto. Grant comete el error de hacer una afirmación sobre estrategia con ojos completamente convencionales y un enfoque puramente competitivo, sin percatarse de que existe otro tipo de abordaje y estrategias para evitar el fracaso que él justamente menciona.

Por otro lado, con respecto al estudio que muestra, lo más probable, al igual que la afirmación que hace, la cual hemos desterrado, es un estudio que ha medido la iniciativa "pioneros", pero con método o principios convencionales de la estrategia empresarial, como el que hemos mencionado en el párrafo anterior, lo cual lleva a una interpretación completamente errónea de lo que en realidad significa ser un verdadero pionero utilizando la lupa integrativa. Lo que queda bien claro para nosotros, es que muchas cosas de las que se afirma en su libro, las hace con la lupa tradicional de la estrategia, del paradigma puramente competitivo, en una mirada reducida sin ver más allá que solo la estructura convencional del mercado que no se puede cambiar, en donde solo buscas la cuota de un mercado ya estructurado e inmodificable; cuando – como lo veremos más adelante-, lo que también se puede hacer, es crear nuevos espacio siendo innovador y pionero, que es justamente lo que proponemos acá. Por lo tanto, no es cierto que convertirse en pionero sea un mito como afirma este gran autor, salvo en su propio paradigma convencional competitivo de la estrategia que es cómo lo ve y evalúa los casos de estudio presentados en su libro. Grant ve el hecho de ser pionero e innovador únicamente como un agente que solo toma una cuota del mercado y no en un sentido más amplio, como lo vemos nosotros, como un reformulador y reestructurador del mercado, no tomando solo una cuota o segmento, sino integrándolo y haciendo que el mercado e industria crezca, que sea más grande.

Como nos dice Rafael Badziag, orador de charlas TED, empresario y autor reconocido que entrevistó a los hombres más ricos del mundo para develar los secretos que los llevaron hasta donde están: *"si eres del tipo de persona que solo sigue a otros y que va al parejo de sus competidores más fuertes, va a ser muy difícil que llegues a ser multimillonario. Lo que tienes que hacer es encontrar un hueco en el sistema y explotarlo. No sigas las verdades obvias, mantente alejado de las opciones "evidentes". Los multimillonarios conocen todas las reglas, pero tienen cuidado con las reglas escritas por lo hombres. Crean nuevas reglas, nuevos paradigmas"*[19]. Entonces, la alternativa de integración es la opción que te mantendrá alejado de las opciones convencionales que todo mundo sigue, descubriendo nuevas reglas y nuevos paradigmas, creando nuevos mercados no explorados por nadie. Esos huecos de los que habla Badziag para explotarlos y sacarles el mayor provecho, son los que podemos descubrir a través de la estrategia de integración de mercados, haciendo un nuevo pastel del mercado mucho más grande y cogiéndote la tajada más grande también, por no decir todo el nuevo pastel económico.

La segmentación es una estrategia de división, en el mejor de los casos, de mantenerse en tu espacio, que se vuelve cada vez más competitivo y por ende tu pastel económico se va reduciendo cada vez más y más, conforme entran más y nuevos competidores; en cambio, la integración es una estrategia de creación, de ampliación de mercados, de nueva visión, de hacer una torta nueva y más grande, tomando el espacio más amplio, logrando, por defecto, un crecimiento y rentabilidad muy superior. Por otro lado, la integración de mercados, además de estimular la creatividad; es lo más adecuado, de manera especial, para los micro, pequeños y medianos empresarios (mipymes) de mentalidad creativa, que tengan la ambición de explorar nuevos caminos y busquen hacerse pioneros e innovadores para dejar huella en el mundo empresarial, organizacional, industrial o tecnológico.

Las grandes empresas pueden implementar cualquiera de ambos enfoques, ya que poseen los recursos, el capital, la tecnología, la información, etc., pueden aplicar el esquema competitivo de la estrategia al cual pertenece el enfoque de segmentación de mercados (ver cuadro Nº 1) para pelear de igual a igual en el mercado; a diferencia de la integración de los mercados, en donde lo más importante es la creatividad y el conocimiento que el gran capital (recursos), en donde no necesariamente se requiere de grandes cantidades de recursos; por lo tanto, es lo más recomendable y aplicable a la micro, pequeña y mediana empresa (mipyme) –que no pueden darse el lujo de pelear de igual a igual con las grandes empresas en un mercado saturado y ultra competitivo-, ya que lo que menos poseen son los recursos, por lo tanto, tampoco pueden darse el lujo de desperdiciarlos.

---

[19] *Véase Rafael Badziag, El Secreto Multimillonario (2020).*

Con esta propuesta, coincidimos plenamente con lo que dijo el gran padre de la administración moderna Peter F. Drucker[20]: *"en la nueva economía del conocimiento, el conocimiento será más importante que el capital"*; y lo que dijo el gran referente del marketing George Silverman[21]: *"en el mundo contemporáneo muchos Davids se comerán a muchos Goliats"*. Todo esto, lo hemos visto con la aparición en las últimas décadas de muchas nuevas pequeñas empresas que comenzaron desde cero, descubriendo nuevos mercados, y que destronaron o están compitiendo de igual a igual ya con grandes empresas que tienen alrededor de un siglo o más de funcionamiento.

En la figura N° 2, podemos apreciar, de manera gráfica, los dos enfoques planteados; donde vemos primeramente en el margen izquierdo, representado por los tres círculos rojos, que representarían por el color, océanos rojos, pasteles económicos que vendrían a ser las industrias, los sectores o lo mercados; y de los cuales, se tomaría solo un pequeño segmento, señalado por las flechas y la división de los círculos rojos. Por el contrario, en el margen derecho, tenemos el círculo azul, que vendría a representar el pastel económico mucho más grande, que representa la integración de las industria, sectores o mercados, logrado con el proceso de integración de mercados y el descubrimiento de un océano azul; en donde hemos logrado hacer crecer el pastel económico, creando un nuevo mercado y cogiéndote todo el pastel o por lo menos, la mayor parte, satisfaciendo necesidades y/o deseos insatisfechos de estos mercados y generando eficiencia económica y social.

---

[20] Véase Peter Drucker, *La Sociedad Postcapitalista* (1994).

[21] Véase George Silverman, *Los secretos del marketing boca a boca* (2013).,

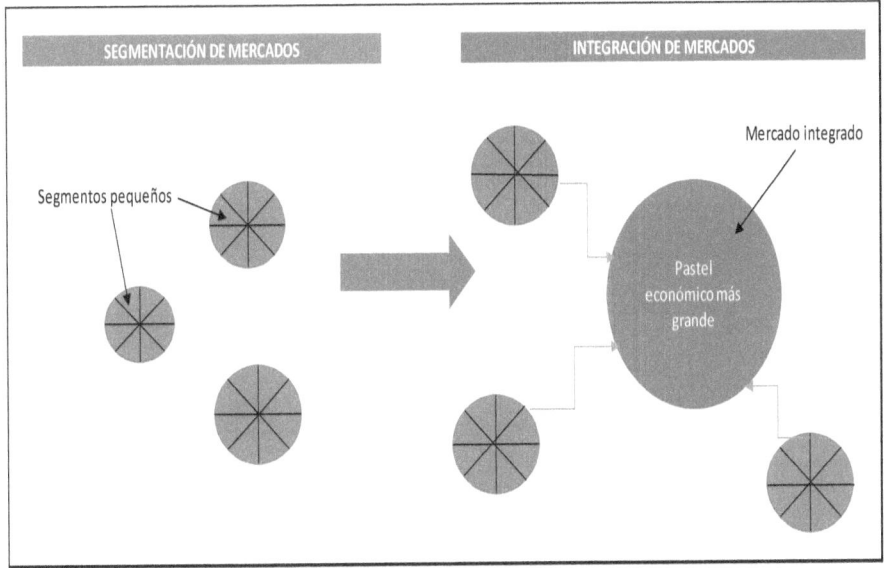

Figura N° 2: De la segmentación de mercados a la integración de mercados
(Modelo MKM: Mendoza-Kim/Mauborgne)

En concreto, para poder darnos cuenta de la diferencia que se plantea entre el enfoque convencional competitivo y el enfoque creativo no competitivo, en donde incluiremos el concepto de integración de mercados; recurriremos al cuadro N° 1, donde podremos apreciar las tres diferencias principales entre ambos enfoques. El enfoque tradicional lo que te que dice es segmenta los mercados, en base a características que los diferencie y luego encárgate de satisfacer ese nicho cada vez más pequeño, fino y reducido; luego te dice ingresa a competir en el mercado que ya está dado con esas reglas de juego ya establecidas buscando diferenciarte, a lo que Kim y Mauborgne lo denominan océanos rojos; y finalmente te dicen, como lo he escuchado en muchos consultores tradicionales, cuando subas la calidad sube tu precio porque es lo que vales y si te dedicas a un segmento de menos ingresos baja la calidad y baja el precio para vender, es decir a mayor calidad (valor) mayor precio y a menor calidad menor precio. Esa es la idea tradicional, que viene principalmente de los aportes de Michael Porter, considerado el padre de Estrategia Competitiva[22]; en otras palabras,

---

[22] *Véase Michael Porter, Ventaja Competitiva (2013).*

el enfoque convencional competitivo que todos utilizan es una idea porteriana.

Segmentación de mercados	Integración de mercados
Dividir el mercado en nichos cada vez más finos y pequeños	Integrar sectores, industrias o mercados captando un nuevo espacio mucho mas amplio
Competir en el espacio existente del mercado	Crear y capturar nuevos espacios de mercado
A mayor valor (calidad) subir el precio y viceversa	Lograr valor (calidad) a bajo precio a la vez
Enfoque convencional competitivo	**Enfoque creativo no competitivo**

Cuadro N° 1. Segmentación de mercados vs Integración de mercados
(Modelo MKM: Mendoza-Kim/Mauborgne)

Además, en el cuadro N° 1 podemos observar que el enfoque creativo te dice que en vez de segmentar puedes integrar mercados, en vez de competir puedes crear y capturar nuevos espacios de mercado y en vez de subir el precio, cuando sube el valor puedes lograr entregar un alto valor a un precio bajo y ser accesible para todos, logrando un producto masivo de alto crecimiento; es decir, puedes entregar valor y precio al mismo tiempo. Por ello, también a este enfoque podríamos llamarlo **Enfoque Integrativo o Integralista**, porque integra sectores, industrias y nuevos espacios de mercados e integra valor y precio al mismo tiempo.

El enfoque creativo no competitivo, lo que te dice es que, valga la redundancia, no compitas, sino que crees nuevas estructuras de mercados, con nuevas reglas y en donde no haya competencia, a través de la integración de mercados, logrando calidad y bajo precio a la vez; es decir, integramos mercados y a la vez integramos valor (calidad) y costo, lo cual es lo más conveniente y ventajoso para las micro, pequeñas y medianas empresas (mipymes) que busquen un crecimiento rápido, rentable y posicionado. Como ya lo decía hace mucho tiempo el gran empresario y escritor americano W. Clement Stone: *"El medio de ganar una fortuna consiste en elaborar o vender un producto o servicio (preferentemente un producto de bajo precio) muchas veces".* Esto es a lo que llamo un buen producto masivo bien diseñado.

Kim y Mauborgne nos proponen 6 caminos para lograr descubrir nuevos mercados que nadie haya explorado, mercados que denominan, como ya hemos mencionado, océanos azules. De estos 6 caminos, 2 no los hemos considerado, a los cuales hemos denominado a uno, el enfoque perceptivo, que reformula la percepción de emocional a funcional o de funcional a emocional que tiene el cliente de los productos o servicios; es decir, de la utilidad que tiene un producto a una experiencia puramente emocional y viceversa. Y el enfoque de la tendencia, que consiste en moldear o crear las tendencias externas a lo largo del tiempo[23].

En el caso del primer enfoque (perceptivo), los avances en neurociencias, psicología conductual y evolutiva, nos indican que los factores emocionales del ser humano en la toma de decisiones, tienen un gran peso a la hora de decidir, hasta en un 85% para algunos investigadores, lo cual hace que considerar el intercambio perceptivo de nuestros productos o servicios de lo emocional a lo puramente funcional no sea muy garantizable en todos los casos; con lo que, en nuestro enfoque de integración, podemos considerar hasta ambos factores para nuestros productos y servicios, tanto la eficiencia de lo funcional (utilidad) como la visceralidad de lo emocional[24].

En el caso del enfoque de la tendencia, considero que el solo hecho adaptarse a las grandes tendencias es todo un reto para muchas empresas (lo cual tampoco nunca debe descuidarse) en el enfoque convencional, cuando más seria crear las grandes y nuevas tendencias, lo cual estaría mayormente relacionado con grandes inversiones o tecnologías que enmarcan mayormente a las grandes corporaciones; es muy difícil crear grandes tendencias siendo pequeños. Ahora, si hablamos de integración en la adaptación que estamos haciendo, podemos ser generadores también de tendencias en los nuevos mercados que descubramos, te conviertes en un creador de tendencias en cierto sentido; lo cual se puede lograr con la integración de mercados.

A los otros 4 caminos o vías que nos quedan, es a lo que he denominado **enfoque de integración de mercados,** mucho más adaptable y especialmente diseñado para la micro, pequeña y mediana empresa (mipyme) que desarrollaremos más adelante, *que vendría a incluir **el nuevo paradigma de clasificación en estrategia de mercado para el siglo 21*** (ver figura 1 y cuadro 2), y que es justamente, por definición, lo opuesto a la clásica segmentación de mercados, que todo el mundo repite.

---

[23] *Véase Kim y Mauborgne, La Transición al Océano Azul (2018).*
[24] *Véase Néstor Braidot, Neuromarketing: ¿Por qué tus clientes se acuestan con otro si dicen que les gustas tú? (2007).*

	Enfoques	Mecanismos, vías o caminos
ESTRATEGIA DE OCEÁNO AZUL	Enfoque de la tendencia	Adelantarse y moldear las tendencias a los largo del tiempo
	Enfoque perceptivo	Pasar de lo emocional a lo funcional y viceversa
	Enfoque integralista o integración de mercados	Integrar sectores o industrias alternativas
		Integrar grupos estratégicos dentro de cada sector
		Integrar cadenas de compradores directos e indirectos
		Integrar ofertas complementarias de productos y/o servicios

Cuadro N° 2. Clasificación del enfoque integralista o integración de mercados, ideal para las mipymes

En el cuadro N° 3, cuando nos referimos a la estructura, nos estamos refiriendo a la industria o el mercado en el cual pretendemos entrar. En este cuadro podemos observar la conveniencia para las empresas de utilizar uno u otro enfoque estratégico. Cuando la estructura del mercado y la industria es atractiva, es decir está en crecimiento, la empresa tiene competencias y recursos que garantice una posición competitiva; o cuando la estructura es poco atractiva, pero se tienen recursos y altas competencias y la empresa tiene una cultura y pensamiento puramente competitiva; el enfoque competitivo nos puede dar buenos resultados en esos casos. Pero cuando, ante una estructura atractiva, nuestra competencia se encuentra bien posicionada y nuestros recursos son limitados; o cuando la estructura es poco atractiva, nuestros recursos y competencias son limitados y nuestra empresa posee un pensamiento y cultura orientado hacia la innovación; la mejor alternativa es utilizar el enfoque creativo no competitivo; es decir, nuestra mejor alternativa radica en integrar mercados.

Como podemos observar en el cuadro N° 3, cuando hablamos del esquema convencional competitivo podemos ver que es un enfoque que se adapta muy bien para la gran corporación, ya que son estas la que tienen los recursos, la logística, las competencias, la tecnología, etc.; y pueden desempeñarse mejor ante entornos atractivos o adversos, a diferencia de lo que sucede con la pequeña empresa, cuyos recursos y demás competencias necesarias son escazas o limitadas, sea ante una estructura atractiva pero con grandes y poderosos competidores y ni hablar de una estructura o industria poco atractiva; el problema es que justamente, hoy en día, vemos todo lo contrario, que las pequeñas empresas son las que adoptan ese enfoque puramente competitivo sea cual sea el panorama de la estructura del mercado, con lo que su probalidad de fracaso es altísima, y muy posiblemente el principal factor de quiebra que tiene que ver mucho con la gestión estratégica y lo reportado por muchas estadísticas citadas sobre el fracaso de los emprendimientos. Esta es, muy probablemente, una de las grandes razones de porque vivimos en constantes crisis económica y lo que denomino, a nivel de empresa, un continuo estado de supervivencia empresarial[25].

Por lo tanto, de nuestro cuadro, podemos extraer fácilmente que el único y mejor camino que le queda a las micro, pequeñas y medianas empresas (mipymes), para dejar el estado de supervivencia y pasar a un estado de crecimiento y desarrollo, es el de utilizar el enfoque creativo no competitivo de la estrategia; ya que son las mipymes, las que tienen sus recursos y competencias completamente limitadas. Con ello, estamos hablando de la integración de mercados para ser innovadores y pioneros, sea en industrias y mercados de alto crecimiento o bajo crecimiento.

Enfoque convencional competitivo	Enfoque creativo no competitivo
Segmentación de mercados	Integración de mercados
Estructura atractiva y con competencias y recursos para tener un posición competitiva	Estructura atractiva, competencia posicionada y nuestros recursos y competencias son limitados
Estructura poco atractiva, pero se cuenta con competencias y recursos	Estructura poco atractiva, recursos y competencia limitadas
La empresa tiene una cultura y pensamiento puramente competitivo	La empresa tiene una cultura y pensamiento orientado hacía la innovación
Recomendable: Grandes Empresas o Empresa Corporativa (mentalidad competitiva)	Recomendable: micro, pequeñas y medianas empresas (mipymes) (mentalidad innovadora - integradora)

Cuadro N° 3. Enfoque recomendado(ideal) para las mipymes
(Modelo MKM: Mendoza-Kim/Mauborgne)

Este razonamiento lo podemos explicar fácilmente para el caso de las mipymes, ya que es completamente absurdo que, sin tener recursos, competencias ni experiencia pueda enfrentar directamente a una gran empresa de igual a igual; el resultado es por demás previsible y peor aún si

---

[25] *Véase Carlos Niezen, Mentalidad Estratégica (2020).*

es que la mipyme está incursionando en un mercado o industria que está a la baja o es poco atractivo; siendo lo más sensato buscar nuevos mercados, donde no haya competencia, a través de la integración de mercados e innovación en valor[26]. En el caso de la gran empresa, como es evidente, está preparada para utilizar ambos enfoques ya que tiene los recursos, competencias, tecnologías, etc.; este la estructura o industria al alza o no. En un enfoque competitivo, siempre o mayormente tendrá las ventajas ante sus pequeños rivales.

Un ejemplo clarísimo de este tipo de errores, que cuestan muy caro y fue una lección muy dolorosa para este tremendo emprendedor nato, nos lo enseña el gran magnate de los negocios Richard Branson[27], fundador de Virgin Group, cuando en una de sus alocadas decisiones -muy característico de su personalidad-, decidió producir gaseosas(refrescos de cola) y hacerle frente directamente a, nada más ni nada menos, que al gran monstruo de las bebidas gaseosas Coca Cola; teniendo cierto éxito en Inglaterra al inicio, ya que vendía bien y las ventas se incrementaban con su producto de bandera Virgin Cola. Ello solo hasta que, pasado unos meses, despertó al gran monstruo y se desatado la guerra, en donde Coca Cola lanzó una campaña súper agresiva contra su marca y termino destrozándola, teniendo que sacar del mercado su producto, sin otra alternativa más, debido a que ya no podía seguir manteniendo tantas pérdidas y, prácticamente, fracasó con su nuevo producto Virgin Cola. De esta experiencia, que nos la narra el mismo en su libro, podemos sacar dos lecciones. La primera es que –y está relacionada con lo que vinimos mencionando anteriormente-, si vas a hacer frente, con un enfoque o estrategia competitiva, a la empresa dominante del sector, lo primero que debes tener en cuenta, es que debes ser sigiloso, antes de despertarla, de lo contario no tienes escapatoria para enfrentarte de igual a igual y te mandará a la quiebra quieras o no. La segunda es, precisamente lo que ya hemos mencionado, que prácticamente es un suicidio, empleando un enfoque competitivo, ingresar al mercado siendo pequeño o nuevo, y tratar de luchar de igual a igual, de manera directa, con quienes ejercen una posición dominante en la industria o el mercado donde pretendes ingresar.

Estas lecciones las aprendió muy bien Richard Branson, pero le costó miles de millones de dólares en pérdidas, cosa que él, por el amplio

---

[26] *La innovación en valor es un concepto ideado por Kim y Mauborgne, que significa ir más allá de la innovación técnica o tecnológica de por sí. significa innovar con productos o servicios entregando valor al consumidor o usuario, logrando viabilidad comercial y rompiendo la disyuntiva convencional porteriana de escoger entre valor o costo. Véase Chan Kim y Renée Mauborgne, Las Claves de la Estrategia de Océano Azul (2017).*

[27] *Véase Richard Branson, Estilo Virgin (2017).*

margen de maniobra[28] que posee, pudo soportar ese tipo de fracasos entendiéndolo como una gran lección, cosa que no es un lujo que se pueda dar una micro, pequeña o mediana empresa; estos errores pueden ser fatales, las pueden llevar a la quiebra o, en el mejor de los casos, a retrasarse mucho en su crecimiento, si han calculado en algo su margen de maniobra por riesgo de fracaso.

El ciclo de la estrategia empresarial de mercados

Como ya hemos venido mencionando, lo más aplicado y generalizado de encontrar en el campo por la mayoría de las empresas, son las estrategias competitivas, centradas principalmente en lo que hace el competidor para poder sacarle alguna ventaja en el mercado. A estas estrategias las denominaremos estrategias rojas, porque no trasforman ni cambian el mercado, no cambian las reglas de juego, solamente entran en él a luchar con los que se encuentren en este mar de océanos rojos teñidos de sangre.

Por el contrario, en el nuevo paradigma del siglo 21 de la estrategia empresarial de mercado, tenemos la creación de nuevos espacios de mercado, donde se cambian las reglas de juego; a través, de la innovación en valor e integración de mercados. A las cuales, las hemos denominado estrategias azules, ya que llevan a descubrir espacios vírgenes, no explorados, denominados océanos azules.

En la figura Nº 3, se muestra lo que he dado por denominar, el ciclo de la estrategia empresarial de mercados; ya que, cuando hablamos de aplicación de estrategias azules o de océano azul, se verifica cumplirse, en cierta forma, un ciclo o patrón, de acuerdo con la forma y el nivel de gestión que haga el estratega, empresario o emprendedor, si sigue o no estrategias rojas –que te llevan a océanos rojos- o estrategias azules –que te llevan a océanos azules-. Esta es una presentación de forma gráfica, de cómo, más o menos, se van mostrando o implementando los dos tipos de estrategias de mercado que hemos mencionado para el nuevo paradigma del siglo 21.

Partamos del punto 0 como se observa en la figura, que es el punto de origen de donde inician el eje horizontal y el eje vertical. Como puede apreciar en el eje horizontal, hemos representando el ingreso a los mercados existentes competitivos, la competencia pura y dura. Mientras

---

[28] *El Margen de maniobra es un concepto planteado en mi primer libro, para que el emprendedor pueda entender que, para asumir riesgos, es necesario ser conscientes y calcular que, si fracasamos con un lanzamiento, saber reconocer y medir, que tanto eso nos puede afectar como empresa; si valdrá la pena para asumirlo como una lección o, tal vez, si nos equivocamos, pueda llevarnos a la banca rota total de nuestro negocio. Véase Juan C. Mendoza F., Dirección Estratégica para negocios (Mipymes) (2023).*

más a la derecha del origen, más competitivo es el mercado. Por otro lado, en el eje vertical, estamos representando el ingreso a los nuevos espacios de mercados; a través, de la creación, la innovación y la integración de mercados. Mientras más arriba del origen, mejores nuevos espacios inexplorados y mejores oportunidades de incrementar el pastel económico y generar eficiencia social y económica.

Al referirnos al punto 0, como se observa en la gráfica, estamos representando el punto inicial donde empieza una idea de negocio o emprendimiento. Hablando de la estrategia empresarial de mercado por la cual optan las empresas y emprendimientos, siguen mayormente el camino representado en el punto A, que significa básicamente incursionar en los mercados existentes, ya establecidos con las reglas de juego dictadas por la competencia; por ello, está representado por la flecha de color rojo que apunta la incursión hacia el punto A; esto quiere decir que mientras más a la derecha, de manera horizontal, no desplacemos del origen, nos estamos dirigiendo a mercados más competitivos o ultra competitivos, algunos más que otros también llamados océanos rojos, donde prima una lucha avorazada por cuotas o segmentos de mercado cada vez más pequeños, saturados y ajustados, con escazas sino es nulas posibilidades de crecimiento y rentabilidad.

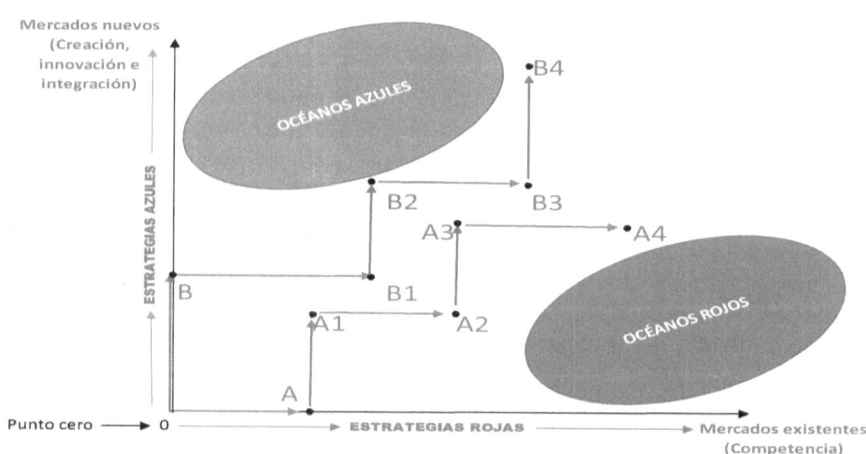

Figura N° 3: Ciclo de la estrategia empresarial de mercados nuevo paradigma del siglo 21
(Modelo MKM: Mendoza-Kim/Mauborgne)

Pero también tenemos en nuestro gráfico, una flecha azul superpuesta sobre el eje vertical apuntando hacia el punto B, que vendría a representar la incursión hacia nuevos mercados no descubiertos aún, a través de la innovación e integración de espacios de mercados muy poco atendidos o completamente saturados por la competencia. En el punto B, el empresario o emprendedor opta por una estrategia creativa, diseñando algo novedoso que no existe en el mercado e integrando otros espacios de mercados que se ven complacidos y satisfechos con su producto y/o servicio, generando un alto crecimiento y rentabilidad. Básicamente podemos afirmar que, cuando la estrategia se dirige hacia arriba, a través de la innovación y la integración de mercados, se incursionará en los nuevos mercados inexplorados también llamados océanos azules, donde no existe competencia y los emprendedores se vuelven verdaderos pioneros del mercado, cambiando totalmente las reglas de juego, trasformando la realidad y generando nuevas industrias e incrementando el pastel económico y generando eficiencia social. ¡Esa es la gran oportunidad del verdadero emprendedor creativo, innovador y transformador!

Ahora bien, como vemos el emprendedor que parte del punto 0 con una idea nueva, tiene dos alternativas de incursión: la de optar por la competencia con mercados existentes ya establecidos (punto A) u optar por la creación, la innovación e integración, descubriendo nuevos espacios de mercado sin competencia (punto B). Pero también se pueden dar los casos de negocios que ya están en funcionamiento, que bien podrían ser también los puntos A y B, y que para defenderse o seguir creciendo han optado por una estrategia que les ha llevado a los puntos A1 y B1 respectivamente; siendo en el primer caso el de un negocio que opto por la innovación e integración (punto A1) y en el segundo caso, un negocio que posiblemente cayo en la trampa de la competencia (punto B1). Lo que podemos deducir de este panorama gráfico, es que los negocios pueden pasar por diferentes fases de estrategia por los cuales opten –en cierto modo cíclicos-, de acuerdo con su cultura, el conocimiento que posean, el contexto que manejen y las oportunidades que se presenten o tengan la capacidad de ver para hacer innovación e integración o para seguir o caer en la trampa de la competencia, donde el pastel del mercado se hace cada vez más y más pequeño.

A este esquema (figura 3), le he puesto ciclo de la estrategia empresarial de mercado, debido a que, en cierta forma, se comporta como un ciclo dentro de la vida empresarial de las empresas. Así tenemos, en el punto B el negocio ha encontrado un nuevo espacio de mercado, convirtiéndose en pionero e innovador y gozando de crecimiento y buena rentabilidad; sin embargo, al ver la rentabilidad, el potencial de crecimiento de este negocio y observar que no tienen competencia, existen adversarios potenciales de otras industrias o mercados relacionados, de manera directa o indirecta, que intentarán, utilizando una estrategia roja convencional, copiar el modelo, producto o servicio innovador; de tal forma, que la tentativa de ingresar al nuevo mercado descubierto en el punto B sea muy atractiva y cuestión de tiempo, la rapidez se dará de acuerdo con la efectividad de la estrategia que estos adversarios tengan, que tan copiable es el nuevo modelo –tiene un buen posicionamiento o no-, la respuesta estratégica correcta que tenga el negocio pionero, entre otras.

De acuerdo con las investigaciones, esta cuestión de tiempo del ingreso de nuevos competidores, para convertirlo nuevamente en un océano rojo, oscila entre 15 a 20 años en promedio, esto quiere decir que el pionero tiene de 15 a 20 años para gozar y aprovechar de una buena rentabilidad y crecimiento; pero como dije depende de muchos factores, principalmente de la estrategia elaborada, el posicionamiento y la ventaja competitiva[29] que se ha creado el negocio con su nuevo modelo. Este nuevo ingreso de competidores y la resistencia estratégica del negocio pionero viene representado por la flecha roja del punto B al punto B1; donde llegados a este punto, en donde el mercado se satura, debido al ingreso de tantos adversarios que dividen un pastel que se va reduciendo y lo convierten en un mercado lleno de sangre; el negocio, para salir de esa trampa, no tiene más remedio que trasladarse al punto B2 y convertirse nuevamente en pionero con otro producto o servicio innovador y descubriendo un nuevo océano azul sin competencia. De esta manera, el ciclo se va repitiendo, conforme al comportamiento de los competidores y capacidad de respuesta estratégica del negocio, pasando a los puntos B3 y B4, y así sucesivamente repitiendo el mismo patrón para los puntos A2, A3 y A4; siendo el juego del negocio innovador e integrador una batalla entre nadar entre océano rojos y océanos azules; donde la clave del crecimiento, la rentabilidad y éxito económico está en mantenerse la mayor parte del tiempo nadando en los océanos azules.

Una cosa final que tal vez nuestro querido lector se habrá podido dar cuenta, es que, en nuestro modelo del ciclo de la estrategia empresarial de mercado, tenemos representado las flechas rojas de manera horizontal que tienden hacia los océanos rojos (mercados competitivos) representados en los círculos rojos, valga la redundancia; lo cual representa que a medida que utilizamos estrategias rojas en la empresa, no hay ningún tipo de crecimiento en el mercado, lo horizontal significa que seguimos en lo mismo sin efectuar ningún tipo de cambio o trasformación, solo entramos a competir como ya se ha venido diciendo. En cambio, las flechas azules

---

[29] *Posicionamiento y ventaja competitiva son dos conceptos relacionados muy útiles y fundamentales planteados por Michael Porter para establecer barreras difíciles de superar por la competencia. El posicionamiento consiste en lograr un dominio en el mercado de tal forma que sean muy difícil de superar por la competencia y la ventaja competitiva el conjunto valores únicos que posee el negocio y le permite entregar al cliente, de tal manera que es muy difícil de imitar o superar por la competencia, es un valor único en el mercado.*

están en vertical que tienden hacia arriba y a los círculos de color azul que representan, de igual manera, los océanos azules (nuevos mercados), donde se hace innovación e integración; significando esto que con el empleo de estrategias azules vamos hacia arriba, hacia el crecimiento y desarrollo del mercado, al crear nuevos espacios y por ende nuevas industrias o industrias más grandes.

Principios fundamentales de gestión estratégica

Es sumamente fundamental y crítico, antes de empezar a comprender el desarrollo del proceso de integración de mercados, que el emprendedor y su equipo conozcan tres principios básicos que deben entender, y llevarlo en la mente a largo de todo el proceso; y no es solo en el proceso, sino también, en toda la gestión y liderazgo de su empresa. Es vital que se comprenda y quede grabado de manera permanente, estos tres principios básicos de estrategia empresarial:

Principio #1: Las empresas se desarrollan de fuera hacía dentro y no de dentro hacía fuera

El primer principio que se debe tener en cuenta es que, *las empresas se desarrollan de afuera hacía dentro* y no al revés; he visto cometer este error, incluso en académicos y empresarios experimentados, que toman sus decisiones centrados en lo operativo dentro de la empresa y creen que lo más importante es la eficiencia empresarial[30]; cuando lo que primero que se tiene que tener en cuenta es el cliente, el no cliente y el mercado, para atender su necesidades y comprender mejor cómo podemos satisfacerlas, los clientes son los que pagan las cuentas de la empresa; esto es a lo que llamamos eficacia empresarial[31]. Este error lo cometen consciente o inconscientemente, no sé si lo hacen por moda, porque la mayoría incurre en ello o porque son las medidas más fáciles de tomar, encargarse únicamente de lo interno de la empresa. Gestionar de afuera hacía dentro, te obliga no solo ver con los ojos, sino ver con la mente, ver más allá de los propios clientes, de la industria y del mercado, para ser un descubridor nato de nuevas oportunidades de crecimiento. Cuando te centras de fuera hacía dentro, te centras en el valor y no puramente en la tecnología.

---

[30] *Porter denomina a esto eficacia operativa. Véase Michael Porter, Ser Competitivo (2009).*

[31] *En Dirección Estratégica para negocios (Mipymes), hablamos de la eficacia y la eficiencia como conceptos fundamentales y críticos aplicados a la estrategia empresarial.*

Principio #2: Ventaja comparativa no es ventaja competitiva

El segundo principio, que deben llevar siempre en la cabeza, es que *la ventaja comparativa no es ventaja competitiva*. Mucho se llega a confundir la ventaja comparativa con la ventaja competitiva, creyendo que alcanzar alguna ventaja comparativa, equivale a lograr o es una ventaja competitiva; cuando, si bien son dos conceptos que pueden estar relacionados, no son lo mismo. Tener ventaja comparativa, significa producir algo con costos menores, mejorando la rentabilidad, aprovechar ofertas de mayor atractivo por el costo y la oportunidad de vender más barato o por alguna promoción, por poner algunos ejemplos, que, si bien es cierto, dan ciertas ventajas, como su nombre lo indica, no son ninguna garantía de asegurar crecimiento y rentabilidad en el mediano y largo plazo, por otro lado, son fácilmente imitables, copiables y superables por la competencia en un océano rojo. En cambio, la ventaja competitiva, es entregar un alto valor único al cliente, un valor altamente significativo, que encierra la entrega de varios factores clave de valor, valga la redundancia, y que la hacen muy difícilmente copiable por la competencia; lograr ello, garantiza a la empresa un crecimiento, posicionamiento y rentabilidad en el corto, mediano y largo plazo. La idea del proceso de integración de mercados es lograr obtener ventajas competitivas sin necesidad de estar buscándolas al descubrir nuevos mercados inexplorados y desconocidos hasta ese momento. Lograr ventaja o ventajas competitivas es lo que diferencia a los ganadores de los perdedores.

Principio #3: Los clientes no siempre saben lo que quieren

Y el tercer principio, a tener en cuenta, es que *los clientes no siempre saben lo que quieren*. Hay una frase de Steve Jobs -un creador, innovador y pionero por naturaleza-, que refleja claramente este principio: "*los clientes no saben lo que quieren hasta que se lo muestras*"; o como lo que decía Henry Ford: "*si le hubiese preguntado a la gente que es lo que quiere, me hubiesen dicho que un caballo más rápido*". Preguntarle a los clientes, de manera directa y apuntar literalmente, no siempre resulta ser los más acertado, es necesario ser observador, ponerse en los zapatos del cliente, tener sensibilidad, pensar como cliente, y no solo como cliente, sino como no cliente; en otras palabras, *interpretar correctamente el mercado*, que eso fue lo que hizo Steve Jobs y Henry Ford en su momento, para incrementar las oportunidades de entregar verdadero valor y convertirse en pionero e innovador, que es lo que estamos buscando.

EXPLORACIÓN DE LOS PUNTOS CLAVE DE DOLOR Y PUNTOS CLAVE DE VALOR

Ayude a los demás a obtener lo que desean
y obtendrá lo que usted quiere.
Mary Kay Ash

Continuando con las bases de nuestro primer principio fundamental de gestión estratégica, es decir, de centrarnos desde fuera hacia dentro o desde la eficacia empresarial[32], que son el cliente y el mercado y no en lo operativo al interno del negocio, como se ha observado hacen la mayoría. Cuando hablamos de exploración, nos estamos refiriendo a adentrarnos a conocer e investigar el mercado, conocer los problemas, las necesidades y/o deseos de los clientes y no clientes, los cuales pueden convertirse en grandes oportunidades de resolverlas con nuestros productos y/o servicios; esas es la manera correcta de hacer emprendimientos con un alto potencial de lograr el éxito y convertirse en verdaderas máquinas de crecimiento y rentabilidad. Esos problemas, necesidades y deseos del mercado, los

---

[32] *Véase eficacia y eficiencia empresarial, Dirección Estratégica para negocios (Mipymes) (2023).*

descubriremos como puntos de dolor y que podemos convertirlos en puntos de valor que tienen los clientes y no clientes; los cuales esperan, de manera consciente o inconsciente, que alguien les resuelva sus puntos de dolor o que los cree, en el caso de los puntos de valor.

Hasta aquí, parece ser claro, lo que son los puntos de dolor y puntos de valor de los clientes y no clientes del mercado o la industria. De todas maneras, otra forma de definirlos sería que, los puntos de dolor de nuestros clientes y no clientes son todas aquellas necesidades insatisfechas o incomodidades que experimentan por usar o no usar productos o servicios nuestros o de la competencia; por otro lado, los puntos de valor serían todas aquellas satisfacciones o beneficios que perciben y reciben los clientes y no clientes por el uso o no uso de productos o servicios nuestros o de la competencia. Los puntos de dolor, si los vemos como oportunidades, los podemos convertir en puntos de valor en beneficio de nuestros clientes y no clientes.

Acá es importante entender, que el concepto de valor va o debe ir mucho más allá de la calidad a secas, por decirlo de alguna manera; hoy en día, para mantenerse a flote, la calidad es una característica necesaria e inherente a todo producto, servicio o negocio si lo que se quiere es sobrevivir en mercados cada vez más duros y competitivos. Pero para crecer y desarrollar un negocio en necesario entender que significa el valor de un producto o servicio. En ese sentido, podemos decir que el valor va mucho más allá de la calidad, el valor es clave si lo que se quiere lograr es el éxito de un negocio bien dirigido.

Entender el valor como debe ser y en toda su magnitud implica saber interpretar y satisfacer las necesidades y deseos de los consumidores, sus puntos de dolor y puntos de valor en una entrega única (exponencial) de valor para ellos; si nosotros sabemos interpretar esto correctamente, podremos crear producto y/o servicio con viabilidad comercial, lo cual es clave para el éxito de un negocio, sin el logro de esta viabilidad comercial un negocio fracasa ineludiblemente. De esta manera, tendremos la siguiente formula clave del valor para el éxito del negocio, donde estaríamos hablando de entregar un valor exponencial:

De nuestra formula, fácilmente podemos inferir que, si no entendemos el valor, la creatividad y la innovación en su verdadera concepción, vamos a seguir creando genios de la ciencia, la tecnología y el emprendimiento completamente fracasados y su fracaso será un claro reflejo de nuestro fracaso como sociedad.

Nuestro proceso de gestión estratégica para este tipo de enfoques creativos y no convencionales, lo hemos sintetizado en un modelo sencillo consistente en diagnóstico, exploración y ejecución, que es parte de nuestro modelo de servicios de consultoría azul CJM Consulting y lo conforman 5 pasos, como se muestra en la figura N° 4: diagnóstico del escenario "tal como es", exploración de los puntos de dolor y los puntos de valor, exploración de los tres niveles de no clientes, exploración de los 4 caminos de integración y selección del camino de integración.

En la figura N° 4, la hemos ilustrado con algunas flechas, para que se entienda que puede ser un modelo tomado desde el inicio paso a paso; pero también se puede adecuar a cada realidad del negocio, no es rígido ni tampoco una camisa de fuerza, es una guía para el proceso. Las fechas verticales, que caen de manera perpendicular, nos indican que podemos hacer uso de cada paso de forma independiente, según la necesidad. Por ejemplo, puedes tener un equipo creativo e innovador, que le gusta experimentar nuevas cosas o explorar nuevos espacios, pero tu segmento en el que estas es ya muy pequeño y no conoces muy bien quienes son tus no clientes, en este caso puedes empezar en la fase de exploración de los tres niveles de no clientes, para descubrir las nuevas oportunidades de integración de mercados que puedas encontrar. O también puede abordar directamente los cuatro caminos de la integración de mercados, ante el bloqueo de las ideas creativas de los emprendedores para descubrir los nuevos espacios de mercados que utilizan ideas basadas puramente en el paradigma puramente segmentativo[33].

---

[33] *Para la etapa del escenario estratégico "tal y como es", puede revisar Kim y Mauborgne, La Transición al Océano Azul (2018).*

Como cada uno de los pasos de nuestro modelo de gestión estratégica azul CJM Consulting (figura 4), los podemos abordar de manera independiente, de acuerdo a nuestra necesidad y realidad, como ya explicamos en el párrafo anterior, y no es el objetivo del presente trabajo abordar todo el proceso de gestión estratégica azul de nuestro modelo, sino que nuestro objetivo es ilustrar como comprender y lograr el nuevo paradigma de la estrategia empresarial de mercado, como es la integración de mercados; por lo que no abordaremos todo el proceso de nuestro modelo de gestión estratégica azul y empezaremos por la fase de exploración de los puntos de dolor y puntos de valor (resaltado en amarillo) de nuestro modelo para comprender el enfoque de integración de mercados que forma parte del mismo.

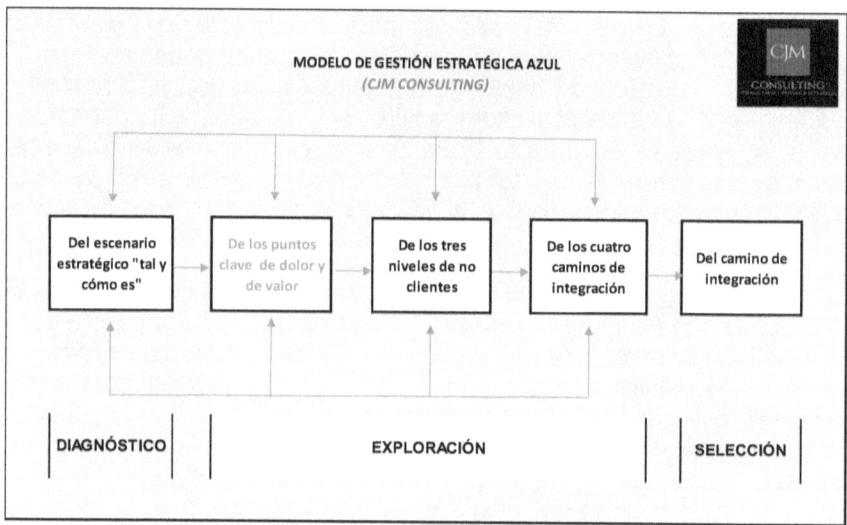

Figura N° 4: Modelo de Gestión Estratégica Azul CJM Consulting
(Modelo MKM: Mendoza-Kim/Mauborgne)

Para lograr identificar las oportunidades, vistas como puntos de dolor que restringen los beneficios de los consumidores, vamos a utilizar y explicar, de manera sencilla, una herramienta diseñada por Kim y Mauborgne, que te permite mapear, identificar y/o detectar estos factores restrictivos para los clientes; así como, identificar posibles no clientes que no consumen nuestros productos y servicios por encontrar estas barreras que les impiden acceder a nuestro mercado. Esta herramienta se denomina el mapa de utilidad del comprador.

Mapa de utilidad del comprador

Como ya dijimos, el mapa de utilidad del comprador es una herramienta que nos va a ayudar a identificar los puntos de dolor que sufren los clientes; así como, identificar los posibles no clientes que están encontrando dificultades para utilizar nuestros productos o servicios; y de esta manera, convertir estos puntos de dolor en oportunidades para entregar una utilidad excepcional y poder diferenciarse de la competencia, haciendo crecer el mercado. La herramienta, no es nada complicada, es un cuadro de doble entrada con 36 cuadrantes, donde en la parte superior horizontal vamos a tener las seis fases del ciclo de experiencia del comprador y en la parte izquierda del cuadro, de manera vertical, tendremos las seis palancas de utilidad del comprador que describiremos a continuación (Ver figura 5).

Las seis fases del ciclo de experiencia del comprador

La seis palancas de utilidad	1 Compra	2 Entrega	3 Uso	4 Complem entos	5 Manteni miento	6 Elimnación
Productividad del cliente						
Simpllicidad						
Comodidad						
Reducción del riesgo						
Imagen y diversión						
Respeto al medio ambiente						

Figura N° 5: Mapa de utilidad del comprador
Fuente: Kim y Mauborgne, 2018

Las seis fases del ciclo de experiencia del comprador

En la figura Nº 5, en la parte horizontal, podemos observar las 6 fases del ciclo de experiencia del consumidor, que se da de manera general o mayormente; ya cada negocio lo puede adaptar a su realidad o tipo de rubro o servicio que maneje; pero, por lo general es lo que incluye el ciclo de experiencia del comprador. En la figura podemos ver fases de inicio que es la compra, en ella pueden estar incluidas, la búsqueda del producto, como ejemplo de manera virtual o física si es en tienda; la compra misma; la entrega, que también puede ser virtual, si es un producto digital o un servicio, o físico, si es entrega a domicilio, en tienda o establecimiento; el uso; los complementos, si es que el producto tiene que usarse con complementos, como las pilas en el caso de una linterna o reloj; el mantenimiento, si es caro, barato o sencillo, como el caso de una auto de lujo o alta gama, que su mantenimiento es costoso; y finalmente la eliminación del producto, si es que el producto es difícil o fácil de desechar, si es amigable con el medio ambiente.

La idea de la utilización de esta herramienta es la de detectar oportunidades que no se están viendo, ni por el emprendedor o estratega ni por la competencia, debido a su enfrascamiento de estar pendiente de lo que hacen los competidores para tomar acciones reactivas de defenderse; omitiendo completamente verdaderas oportunidades que son los puntos de dolor en los compradores que fácilmente los podemos convertir en puntos de valor. La clave está identificar claramente cómo se desarrolla la experiencia de nuestros compradores. La experiencia indica que la mayoría de los negocios apenas se centran en una o dos fases del ciclo, dejando completamente desatendido el resto; lo cuales son, como venimos recalcando, puntos de dolor no atendidos de los compradores y desaprovechando grandes oportunidades para nuestra empresa.

Las seis palancas de utilidad

Como podemos observar en la figura Nº 5, en el eje vertical, tenemos otros seis elementos que son las palancas de utilidad del comprador; al igual que en las seis fases del ciclo de experiencia del consumidor, se han considerado las seis principales, las cuales no son conceptos complicados, y que cualquier emprendedor con un mínimo de formación puede entenderlo.

Lo más común y utilizado por la mayoría de las empresas de enfoque puramente competitivo y convencional; en donde más se centran, es en la productividad; es decir, en la utilidad y beneficio que le reporta el bien, producto o servicio, descuidando en gran medida -al igual que en el caso de las fases del ciclo en experiencia del consumidor- las demás palancas, como la simplicidad, comodidad, la reducción del riesgo –que se refiere al riesgo que asume el cliente en lo económico, físico o reputacional por la adquisición del bien-, la imagen y diversión y el respeto por el medio ambiente; desperdiciando, sin darse cuenta, grandes oportunidades para abordar los puntos de dolor que pueden tener los compradores.

Como habrá podido percatarse nuestro lector, el mapa de utilidad nos deja un cuadro con 36 espacios, cada uno de ellos, vendría a representar una oportunidad de satisfacción de nuestros compradores que no está siendo atendida y está siendo completamente descuidada por la competencia; por ejemplo, la productividad del cliente en cada una de sus fases, puede estar siendo bien atendida en la fase de compra, pero puede estar descuidando completamente las demás, como entrega o uso del producto. El "problema" (oportunidad) es que la mayoría de la empresas y negocios están enfocados en apenas unos cuantos espacios; descuidando completamente oportunidades por cubrir, fácilmente abordables, como puntos de dolor (ocultos) de nuestros compradores que fácilmente lo podríamos transformar en puntos de valor y que nunca han sido entregados por la competencia, el mercado ni la industria en la que estamos.

Como podrá darse cuenta, hacer el mapa de utilidad del comprador nos permite abrir los ojos, ver el panorama completo y, como hemos venido mencionando, descubrir puntos de dolor no detectados, que han permanecido ocultos debido a que el negocio, la competencia y la industria se centran únicamente en la competencia; desperdiciando completamente la oportunidad de poder convertir esos puntos de dolor en puntos de valor para nuestros compradores; y así, poder diferenciarse incrementando nuestras ventajas competitivas e ir descubriendo potenciales mercados o espacios no atendidos completamente por la actual industria. Esa es la idea principal de la utilización de esta herramienta.

En el siguiente cuadro Nº 4, se muestra una guía que se puede utilizar para descubrir estos puntos de dolor pasados desapercibidos por la empresa y la competencia, que son obstáculos a la utilidad del comprador; a través de preguntas que nos pueden ser muy útiles para descubrirlos, a lo largo de todo el ciclo de experiencia del consumidor. La idea con esta guía, es la de convertir estos puntos de dolor, no detectados, en puntos de valor que se puedan aprovechar, para satisfacer a nuestros compradores, entregando valor que no ha sido aprovechado por la competencia ni la industria. Las preguntas planteadas en el cuadro Nº 4, nos permitirán descubrir y encontrar el camino para trasformar esos puntos de dolor.

	Las seis fases del ciclo de experiencia del comprador					
	Compra	Entrega	Uso	Complementos	Mantenimiento	Eliminación
Productividad del cliente	¿Cuál es el mayor obstáculo a la productividad del cliente en cada una de las fases? ¿Cuál es el motivo principal de este obstáculo?					
Simpllicidad	¿Cuál es el mayor obstáculo a la simplicidad en cada una de las fases? ¿Cuál es el motivo prinicpal de este obstáculo?					
Comodidad	¿Cuál es el mayor obstáculo a la practicidad en cada una de las fases? ¿Cuál es el motivo principal de este obstáculo?					
Riesgo	¿Cuál es el mayor obstáculo a la reducción del riesgo en cada una de las fases? ¿Cuál es el motivo principal de este obstáculo?					
Diversión e imagen	¿Cuál es el mayor obstáculo a la diversión e imagen en cada una de las fases? ¿Cuál es el motivo prinicpal de este obstáculo?					
Respeto al medio ambiente	¿Cuál es el mayor obstáculo al respeto al medio ambiente en cada una de las fases? ¿Cuál es el motivo principal de este obstáculo?					

La seis palancas de utilidad

Cuadro N° 4. Guía de preguntas para mapear la utilidad del comprador
Fuente: Kim y Mauborgne, 2018

Pasos para hacer el mapa de utilidad del comprador

1. **Empezar con el ciclo de experiencia del comprador.**

   Primeramente, todos y cada uno de los miembros del equipo deben comprender cada una de las fases del ciclo de experiencia del consumidor; el líder del equipo debe asegurarse de ello antes de seguir avanzando. La idea, entendiendo la figura N° 5, es ponerse en los zapatos del comprador; es decir, debemos pensar y sentir como clientes; ver como ellos perciben y reciben la experiencia en cada una de las seis fases que tampoco son una camisa de fuerza, de cómo se presentan en la figura N° 5, ya que cada negocio puede adaptarlo de la mejor manera a su realidad, el chiste consiste en saberlo comprender para identificar las oportunidades que no se ven. Seguidamente, el equipo debe identificar las actividades que experimentan sus clientes en sus procesos para cada una de las fases, con esto el equipo tomará real conciencia de la verdadera experiencia que atraviesa su consumidor en cada fase del ciclo; es decir, desde la búsqueda (compra) hasta el desecho (eliminación) del producto.

   Por ejemplo, la fase de compra de una empresa de servicios de reencauche, pasaría por la decisión del cliente de realizar su reencauche, valga la redundancia, en el taller, al ver la publicidad encontrada en las redes u otros medios de comunicación, el contacto con la empresa vía teléfono o a través de su página, la visita en su taller, la propuesta, el precio y los beneficios del servicio, el acuerdo del servicio que equivaldría a la fase de compra del mismo; por mencionarlo, en términos generales. El equipo, determinará de manera detallada (lo más detallado posible) y adaptará cada una de las fases a su realidad, según como sean lo procesos de cada tipo de negocio.

2. **Explorar las seis palancas de la utilidad.**

   Para lograr una mejor comprensión de las seis palancas de la utilidad, nos apoyaremos en el cuadro Nº 5.

Significado de las palancas de utilidad
Para asegurar una perfecta comprensión de las distintas palancas de utilidad, tener en cuenta el siguiente resúmen:
Productividad: Todo lo relativo a la eficiencia cuando se responde a las necesidades de los compradores (menos tiempo, esfuerzo y/o dinero).
Simplicidad: Todo lo que elimina o minimiza la complejidad o el estrés mental.
Comodidad: Obtener un producto o servicio cuando se desea (24 h, 7 días a la semana, 365 días del año).
Reducción del riesgo: Reducción de todo tipo de riesgo, ya sea financiero, físico, emocional o reputacional.
Diversión e imagen: La estética, la sensación, la actitud y el estilo, tangibles o intangibles, que transmite un producto o servicio.
Respeto al medio ambiente: Hace referencia a cuestiones ecológicas: ¿el producto o servicio es respetuoso con el medio ambiente?¿Los compradores prefieren tu porducto o servicio por la solida reputación ecológica de tu empresa.

Cuadro Nº 5. Significado de las palancas de utilidad
Fuente: Kim y Mauborgne, 2018

Como se observa en el cuadro, tenemos los significados de cada una de las palancas de utilidad para el comprador más utilizadas, que por lo general la mayoría de las empresas se centran en uno o dos como máximo en apenas una o dos fases en el ciclo de experiencia, desperdiciando por completo el resto palancas en sus diferentes fases, que bien pueden ser aprovechadas, viéndolas como grandes oportunidades de resolver puntos de dolor de nuestros clientes y no clientes, y convertirlos en puntos de valor para ellos como ya hemos mencionado.

Por poner un ejemplo, ya que la idea del cuadro no es complicada de entender, alguna vez le habrá sucedido o algo parecido, que se le antojo comer un helado en el centro comercial, fue al puesto que más le gusta y decidió comprar un helado que poseía dulce de fresa que le encanta, pero la versión llevaba croquetas de galletas que no le gustan y que justamente posee esa presentación que sale con dulce de fresa. Ante esta situación, usted le indica a la señorita del puesto que desea el helado con dulce de fresas, pero que le gustaría que en vez de las galletas le agregue otra cosa como los Toppin de chocolate que son también sus favoritos y que no interesa si le cobra un adicional por el cambio, que lo puede pagar con tal de salir con su combinación preferida; a lo que la vendedora le dice sin más que no se puede, porque esos son ya los helados establecidos como salen en la presentación de la foto del puesto y no los puede cambiar; por lo que usted se desanima no compra y se va otra heladería o a comprar algún otro producto alternativo, perdiendo la venta del helado solo por ese pequeño detalle, se imagina cuantas ventas estaría perdiendo la heladería por no conocer la experiencia del cliente y las palancas de utilidad.

Este ejemplo, es un típico caso de una empresa que se está centrando seguramente en ganar a sus competidores en calidad de helados y sabores, pero que está descuidando completamente la experiencia y las palancas de utilidad de sus compradores, perdiendo seguramente muchas ventas por detalles tan sutiles como estos. Si se ocupara de entender este punto de dolor de sus clientes, como la satisfacción en la palanca de productividad, estaría teniendo muchas más ventas y satisfaciendo a muchos más clientes y no perdiéndolos por estos descuidos.

3. **Rellenar el mapa de utilidad del comprador.**

    Para rellenar el mapa de utilidad del comprador utilizaremos el caso de la freidora eléctrica, como se muestra en el cuadro Nº 6.

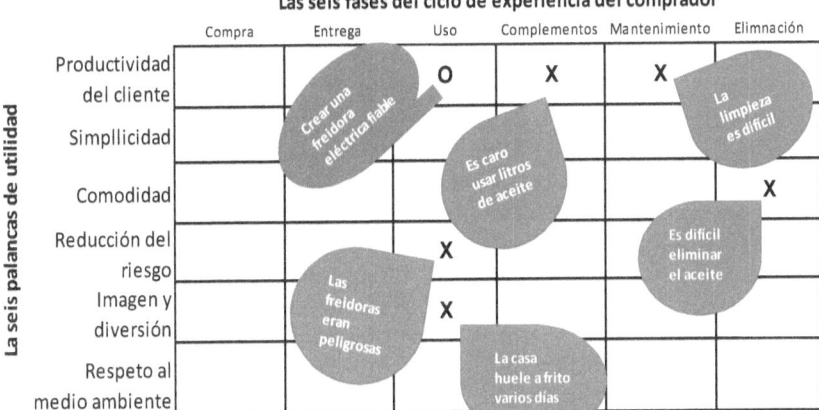

Cuadro N° 6. Relleno del mapa de utilidad de la freidora eléctrica
Fuente: Kim y Mauborgne, 2018

Como se observa en el cuadro N° 6, para rellenar el mapa de experiencia del comprador, se debe poner una "X" en los espacios donde haya puntos de dolor al lado de la descripción o las razones por las cuales aparecen esos puntos de dolor. Con la "O" se escriben los espacios en donde se centra el sector, procurando que sea una utilidad principal o central por el sector, para evitar que en el cuadro se den "Oes", porque la idea es tener una visión de conjunto. Por ejemplo, en la exploración hecha por el Grupo SEB, descubrieron que el sector se centraba básicamente, y a pesar de la férrea competencia, en solamente un espacio de los 36 cuadros de utilidad potenciales, que era la productividad del cliente en uso, preocupándose por producir una freidora fiable a un precio razonable para el público, y eso era todo como se muestra el espacio de la "O", en el cuadro.

Ya habíamos mencionado anteriormente, que los puntos de dolor son buenas oportunidades que podemos aprovechar y que la industria está descuidando; así como también, que los puntos de dolor de los clientes los podemos convertir en puntos de valor para ellos, resolviendo sus problemas e incomodidades. Esto es justamente lo que encontró el Grupo SEB, cuando realizó su exploración para elaborar su mapa de utilidad del comprador para la freidora eléctrica, como se muestra en el cuadro N° 6.

Como se muestra en el cuadro, lo que encontró el Grupo SEB fue revelador, descubriendo que el sector no se había percatado en nada que sus freidoras usaban grandes cantidades litros de aceite, lo cual era costoso para sus compradores; la limpieza era difícil; era difícil eliminar el aceite; habían encontrado que las freidoras del sector eran peligrosas con las cargas de corriente y que dejaban un olor molesto a frito en toda la casa por varios días. Todos estos eran puntos de dolor descubiertos a través de la exploración y la utilización de esta herramienta que nos permite tener una visión panorámica de los puntos de dolor de los clientes para verlas como oportunidades que deben ser atendidas para generar valor. Esa es la idea de esta herramienta tan útil, más adelante veremos cómo la vamos a utilizar para completar el rompecabezas; abordando la otra parte que falta, que es la exploración de los tres niveles de no clientes.

EXPLORACIÓN DE LOS TRES NIVELES DE NO CLIENTES

*Las personas solamente ven lo
que están preparadas para ver.*
Ralph Waldo Emerson

En nuestro modelo de Gestión Estratégica Azul CJM Consulting, ahora analizaremos la exploración de los tres niveles de no clientes, que forma parte de una visión más integral que buscamos, cuando debemos conocer los puntos de dolor y los puntos de valor que poseen tanto los clientes como lo no clientes. En la figura Nº 6 queda ilustrado nuestro modelo de gestión estratégica, con la parte que abordaremos en este apartado resaltado en color amarillo, que se refiere a la exploración de los tres niveles de no clientes que necesitamos explorar, para encontrar potenciales oportunidades de integrar mercados compuestos algunos de estos niveles que fueran los más acertados y masivos en tamaño para poder tomar la mayor cantidad de consumidores para nuestro negocio, resolviendo sus puntos de dolor y buscando incrementar los puntos de valor que necesitan satisfacer para tomar toda su demanda.

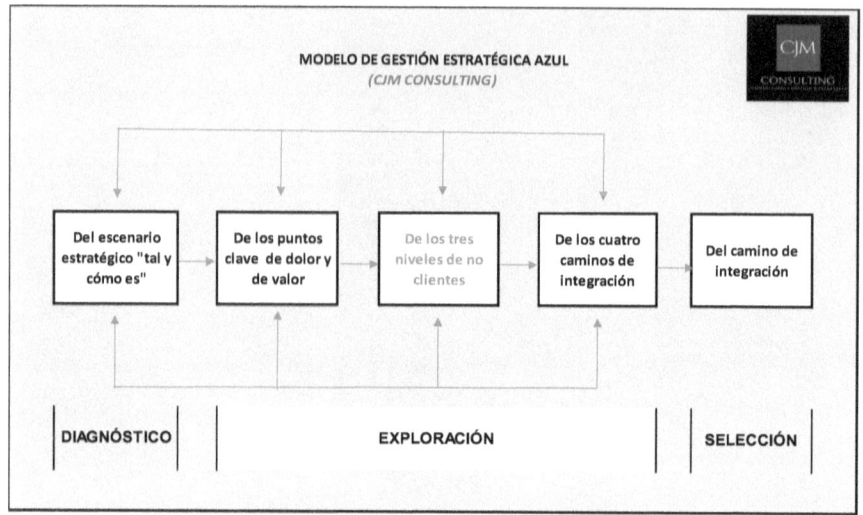

Figura N° 6: Modelo de Gestión Estratégica Azul CJM Consulting
(Modelo MKM: Mendoza-Kim/Mauborgne)

En la figura N° 7, se ilustra de manera gráfica los tres niveles de no clientes a explorar propuesta por Kim y Mauborgne, con estos tres niveles podemos diferenciar de una manera más clara, a cuáles podemos abordar para satisfacer y sacar el mayor provecho de los puntos de dolor y puntos de valor que posean; lo cual, lo vamos a conseguir a través de la exploración de los tres niveles de no clientes existentes. Como se observa en la figura, el primer nivel corresponde a tu propio sector, y son aquellos clientes que están insatisfechos por aquellos puntos de dolor que tal vez no están siendo resueltos por tu sector o que tienen puntos de valor que no están siendo atendidos; y que, por lo tanto, están a punto de salirse de dicho sector, tal vez a otros sectores o industrias alternativas que puedan aliviar en cierta medida lo que están buscando; en este primer nivel tus clientes, están a punto de ser tus no clientes.

En el segundo nivel de no clientes, tenemos a aquellos no clientes cuyas necesidades y puntos de dolor, no han sido resueltas por tu sector de ninguna manera; y cuyos puntos de valor tampoco han sido atendidos; por lo tanto, tu sector, tus productos y servicios son rechazados completamente por este segundo nivel de no clientes. Por lo general, en este segundo nivel de no clientes se encuentran aquellos consumidores que están esperando que surjan empresas o emprendedores que se encarguen de atender sus puntos de dolor y puntos de valor que la Industria y el sector convencional del mercado nunca ha atendido; cuando aparezcan estos héroes emprendedores, ellos saltaran inmediatamente de un barco a otro para ser atendidos.

Finalmente, tenemos el tercer nivel de no clientes que son aquellos no clientes considerados bastante lejanos del sector, que ni siquiera entran en la categoría de clientes potenciales calificados por la industria. Son no clientes que el sector considera que pertenecen a otros sectores alternativos y que no es su competencia tener que atenderlos a ellos, sino que deben ceñirse únicamente a su segmento de mercado establecido, sin preocuparse por este nivel de no clientes. Por lo tanto, el sector jamás les presta atención, porque son considerados de otros sectores o mercados de los cuales no es su competencia.

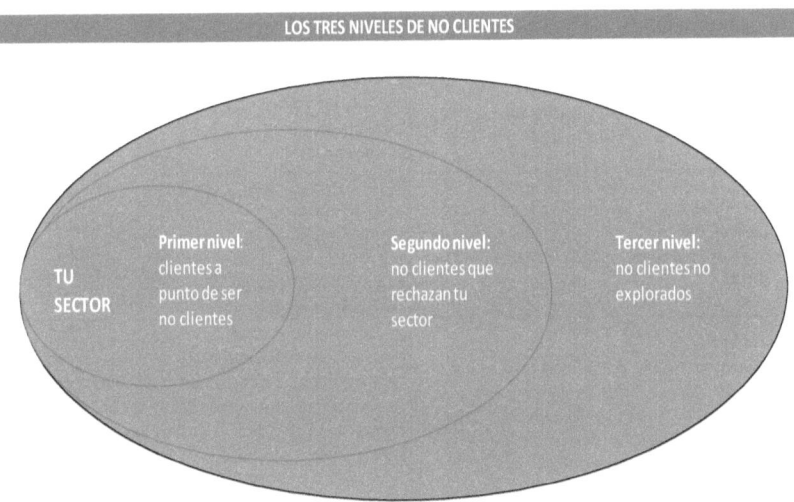

Los clientes del primer nivel estan a punto de abandonar el barco de tu sector y convertirse en no clientes.
Los no clientes del segundo nivel han analizado tu sector y lo han rechazado conscientemente.
Los no cliente no explorados se encuentran actualmente en mercados aparentemente lejanos.

Figura N° 7: Los tres niveles de no clientes
Fuente: Kim y Mauborgne, 2018

Pasos para identificar los tres niveles de no clientes

1. Comienza con el concepto básico

Es importante que se entienda la utilidad del concepto básico de los tres niveles de no clientes, para descubrir nuevos mercados. Para que se entienda de la manera más sencilla y útil posible presentamos algunos casos el cuadro № 7, donde tendremos ejemplos de cómo se distribuyen cada uno de los niveles de no clientes y como negocios y empresas exitosas y pioneras han sabido explorarlas y sacarle el mayor provecho para descubrir nuevos espacios de mercado masivo.

	Primer nivel de no clientes	Segundo nivel de no clientes	Tercer nivel de no clientes
Sector de la industria estadounidense del automovil (1908)	Gente de clase alta y media alta que veía como un fastidio la industria de los coches que eran un lujo tenerlos, los altos costos de mantenimiento, su extrema delicadeza, así como su dificultad para llevarlos por la carretera.	Gente de la clase media que solo veían la posibilidad de andar con carruajes tirados por tracción animal, por su facilidad de desplazamiento en las carretras, por sus costos y precios bajos a comparación de los coches de lujo de la industria aumotomotriz.	Gente de la clase obrera que veía como un sueño imposible la posibilidad de que alguna vez pudieran utilizar un coche por su alta precio y mantenimiento completamente fuera de sus posibilidades.
Sector de las tarjetas de crédito / débito (2009)	Comercios de pequeño y mediano tamaño que aceptan a regañadientes el pago con tarjeta de crédito/débito.	Nuevos negocios, micronegocios y trabajadores autónomos que no aceptan tarjetas de crédito/débito.	Personas que necesitan realizar un pago a otras personas.
Sector de la recaudación de fondos para entidades benéficas en el Reino Unido (1985)	Personas mayores y adineradas a las que les exaspera la solicitud anual de donaciones.	Jóvenes trabajadores que deciden no realizar donaciones por la falta de trasparencia sobre el porcentaje de los fondos que realmente se emplean para la causa.	Niños y personas con pocos ingresos que jamás han pensado en realizar una donación.
Sector de la aviación comercial estadounidense (1971)	Viajeros que solo usaban el transporte aéreo únicamente por cuestión de tiempo, pero que estaban aburridos de las salas de espera, la diversidad de clases para viajes cortos, el embarque solo de un centro de operaciones y los precios eran elevados.	Gente que prefería viajar en su movilidad propia por el costo mucho más bajo, porque no les gustaban las salas de espera y tenían la comodidad de su propia movilidad, cuando el tiempo se los permitia para viajes de corta distancia.	Gente que no poseía carro y tenía que viajar en autobus, y que debido a sus escasos recursos económicos era muy inaccesible para ellos poder viajar en avión comercial para distancias cortas.

Cuadro N° 7. Algunos ejemplos de los tres niveles de no clientes de varios sectores
Fuente: Adaptación y construcción hecha a partir de Kim y Mauborgne

En el cuadro anterior y como se menciona en el párrafo precedido, tenemos ejemplos ilustrativos de los tres niveles de no clientes para diferentes sectores, en donde la idea es entender cómo reconocer cada uno de estos niveles, para saber identificar las oportunidades; así como veremos más adelante, como es que algunas empresas en esos sectores han sabido aprovechar los niveles de no clientes en la exploración, para lograr integrar mercados y crear nuevos espacios completamente inexplorados.

Como podemos observar en el primer ejemplo del cuadro N° 7, el caso de la industria automotriz de EEUU, en donde Henry Ford logró descubrir tres niveles de no clientes: clientes aburridos de la clase alta, no clientes que eran clientes del sector de la fabricación de carruajes tirados por caballos y no clientes de la clase proletaria (obrera), que ni en sueños se imaginaban poder conducir un coche y tampoco podían acceder a los carros tirados por tracción animal[34].

Vemos en el segundo ejemplo, el caso de Square, fundada por Jack Dorsey –cofundador de Twitter-, que supo ver pequeños y medianos comercios que aceptaban a regañadientes las tarjetas de crédito/débito convencional; negocios nuevos, micronegocios y trabajadores autónomos que no aceptan tarjetas de crédito/débito y personas que quieren hacer un pago a otras personas, que ni se imaginaban que podían hacerlo de manera digital.

En el tercer ejemplo, vemos el caso de las narices rojas de Comic Relief, que logró detectar que existía una buena cantidad de clientes a punto de abandonar conformado por personas mayores y adineradas que estaban hartas de las solicitudes anuales de donaciones; un segundo nivel de no clientes formado por jóvenes trabajadores que rechazaban directamente las donaciones por falta de trasparencia y un tercer nivel de no clientes formado por niños y personas de escasos recursos que en su vida se imaginarían hacer donaciones.

Y finalmente, en el cuadro N° 7, también vemos el caso de Southwest, con el sector de la aviación comercial convencional, que, en su exploración, observó un primer nivel de no clientes en el sector conformado por una gran cantidad de viajeros que solo usaban el transporte aéreo solo por cuestión de tiempo, pero que estaban

---

[34] *En nuestro libro Dirección Estratégica de negocios (Mipymes), cuando hablamos de la correcta interpretación del mercado, mencionamos una frase por demás elocuente de Henry Ford, que revela su gran calibre intelectual y gran parte del secreto de su éxito sabiendo interpretar correctamente el mercado: "Si le hubiera preguntado a la gente qué es lo que quiere, me hubieran dicho que caballos más rápidos".*

aburridos las salas de espera, la diversidad de clases y los precios poco cómodos que tenían que pagar para distancias cortas; un segundo nivel de no clientes conformado por gente que prefería viajar en sus coches, no gustaba de las salas de espera, sentía comodidad en su movilidad y le salía mucho más barato para su bolsillo y un tercer nivel de no clientes que en su vida imaginarían viajar en avión, debido a que eran de escasos recursos económicos, no poseían automóvil y viajaban en bus por los costos.

Con estos ejemplos ilustrativos podemos ver claramente cómo es que estas empresas, lograron ver más allá de los propios clientes para descubrir nuevas oportunidades; y de la misma manera, usted puede preguntarse para su emprendimiento inicial o ya en operación, cuáles son esos niveles de no clientes que está viendo en este momento y que pueden ser grandes oportunidades. Puede preguntarse porque los clientes de primer nivel del sector, están a punto de abandonar y ser no clientes, cuáles son sus puntos de dolor que no están siendo atendidos; porque los no clientes de segundo nivel rechazan, de manera consciente nuestro producto o servicio, que es lo que no les estamos ofreciendo y porque nuestros no clientes del tercer nivel ni siquiera se imaginan pueden ser nuestros clientes, cuáles son esas barreras que impiden acercarse a nuestro negocio, producto y/o servicio.

Es importante mencionar que no siempre se podrá integrar todos los niveles. En el caso de tener que seleccionar un nivel de no clientes para atenderlos con nuestra oferta, es vital tener en cuenta, que en estos casos de tener que escoger algún de los niveles de no clientes o descartar otros, debemos optar por aquel nivel que nos garantice el mayor número de no clientes que se acercarán a nuestra oferta y descartar el sector más pequeño; es decir, trataremos de cubrir el mayor mercado de no clientes que se encuentre en el nivel escogido, para atender un producto o servicio masivo que nos garantice crecimiento y rentabilidad para nuestro negocio. Por ejemplo, en el caso de Southwest Airlines, tenía que elegir entre integrar el segundo nivel de no clientes y el tercer nivel de no clientes; optando por el segundo nivel, debido que este mercado es mucho más grande, ya que la mayoría de estadounidenses tiene vehículo propio y viajan en automóvil y poca es la gente que viaja en autobús que pertenecen al tercer nivel de no clientes; por lo tanto, de manera muy acertada e inteligente, Southwest optó por integrar a su oferta el segundo nivel de no clientes. Más adelante, ya lo veremos cuando analicemos este caso en mayor detalle, en el apartado de los 4 caminos para la integración de mercados.

2. **Céntrate en tu sector y en tu oferta**

Al contrario de la segmentación de mercados, que te dice que dividas el mercado en segmentos o pequeños nichos, de acuerdo a características diferenciadoras de cada segmento; la idea de la integración es tener una mirada más conjunta e integral, ver de manera más general, e integrar todos esos segmentos o nichos, a través de características o factores clave que llevan a los clientes ser atendidos por tu oferta. Esa es la mirada de la lupa integrativa, para no perderse en los detalles segmentativos y tener una visión de bosque, siendo conscientes, claro, de los árboles, logrando identificar un perfil general de tus clientes actuales o calificar una categoría amplia. Es este aspecto, al centrarte en tu sector y oferta, es importante saber que diferenciar tus clientes por características específicas es adecuado a la hora de detallar tu oferta, pero no para ver el panorama general de la oferta y las características o factores que tus principales clientes tienen en común para consumir tu producto o servicio. Por ejemplo, en el sector de los servicios de peluquería tu puedes afinar tu oferta identificando tu porcentaje de clientes o usuarios[35] que son jóvenes de 14 a 18 años, adultos jóvenes de 19 a 35 años, adultos maduros de 36 a 60 años y adultos mayores de 60 a más años; pero para tener una visión integral de la oferta, no es necesario entrar en esos detalles e identificar una categoría más amplia que englobe a todos o la mayoría, como serían hombres jóvenes y adultos de 14 a 60 años. Con ello no nos estaríamos perdiendo en los detalles.

3. **Identifica los tres niveles de no clientes de tu sector**

Como habrás podido observar y deducir de la figura N° 7 y el cuadro N° 7, para identificar los tres niveles de no clientes, como nos lo muestran Kim y Mauborgne, es necesario hacernos las siguientes preguntas para cada nivel y hacer una lista de los tres niveles: ¿Quién se encuentra al filo de nuestro sector y usa nuestra oferta a regañadientes y/o mínimamente?, ¿Quién se plantea usar la oferta de nuestro sector, pero la rechaza conscientemente y elige otra oferta o ninguna para cubrir sus necesidades? Y ¿Quién se beneficiaria de la utilidad que ofrece nuestro sector, pero ni siquiera la tiene en cuenta porque se presenta de una manera que la hace parecer irrelevante o inasequible? La idea es ver por uno mismo, no hay nada más efectivo que el conocimiento directo, el conocimiento de causa, nada iguala la experiencia directa a la hora

---

[35] *Clientes son aquellos que te compran tus productos o servicios, pero no necesariamente los consumen. Usuarios son aquellos individuos que consumen o utilizan tus productos o servicios. Es necesario que vayas conociendo las diferencias para que más adelante en la exploración de las vías para la integración de mercados puedas comprender mejor y aprovecharlas.*

de explorar en los mercados o sectores más allá del nuestro propio y de la competencia. Esto genera, incluso en el equipo si lo hubiera, más compromiso, confianza y convicción en el proyecto que estamos haciendo, los descubrimientos y los resultados que obtendremos. Por ello, esta forma de hacer las cosas, es mucho más superior que llenarse de informes de estudios de mercado o focus Group hechos por terceros que no generan ninguna convicción ni internalización de la información, que la de ver por uno mismo, conciliar y seleccionar los grupos más relevantes de no clientes.

4. **Determina el tamaño aproximado de la nueva demanda**

La idea en este paso es tener claro el tamaño del nuevo mercado potencial que podemos encontrar en los tres niveles o alguno de ellos, no necesariamente en cifras exactas, eso no es lo importante; sino, saber que es un grupo de clientes amplio y/o con gran potencial de un buen crecimiento para incurrir allí. Es decir, saber que un nivel de no clientes, por ejemplo, posee una tendencia de un buen crecimiento, tal vez no puede ser tan grande, pero puede tener un gran potencial de ser un gran mercado a integrar, por el crecimiento que puede mostrar. Por el contrario, si detectamos que es un sector pequeño con muy bajo crecimiento o potencial de crecimiento, no sería atractivo para nuestro negocio intentar integrar ese nivel de no clientes. Lo que buscamos es el rápido crecimiento y rentabilidad. Hoy en día con las herramientas tecnológicas y digitales, como el google y la inteligencia artificial, es mucho más fácil averiguar esas tendencias de los sectores que estamos explorando y nos pueden ser de gran ayuda.

EXPLORACIÓN DE LOS CUATRO CAMINOS DE LA INTEGRACIÓN DE MERCADOS

Los emprendedores se gestionan, se desarrollan y se hacen exitosos de dentro hacia afuera; las empresas se hacen de afuera hacia adentro.

Como bien ya hemos mencionado en el apartado anterior, el concepto de integración de mercados, nace a raíz de los descubrimientos de los investigadores Kim y Mauborgne[36], donde hemos hablado que ellos proponen 6 vías o caminos para descubrir nuevos mercados, llamados océano azules, donde no exista competencia, ya que son espacios no abordados por la industria ni la competencia. De estos 6 caminos, bajo el concepto de integración de mercados, que es ideal y especialmente recomendado para las micro, pequeñas y medianas empresas (mipymes), no hemos considerado 2 caminos, como son el camino de la tendencia y el camino de la percepción psicológica (Ver cuadro Nº 2). Como ya dijimos, descartamos el camino perceptivo debido a los últimos descubrimientos en

---

[36] *Véase Chan Kim y Renée Mauborgne, La Estrategia de Océano Azul (2005).*

neurociencia, psicología conductual y psicología evolutiva, respecto de cómo los seres humanos tomamos decisiones, siendo en su gran mayoría viscerales, instintivas y emocionales, en más de un 85%[37]. Y el camino del tiempo o de la tendencia, lo consideramos un reto muy grande para el nivel de los pequeños negocios-no necesariamente descartado por completo-; sobre la tendencia, Bill Gates tiene una frase muy interesante, que debemos tomar muy en cuenta, pero que también habla bastante de la incursión en grandes capitales, sobre todo en el contexto en que él se encuentra, es conocido por muchos como un depredador empresarial: *"Si quieres lograr ganar, averigua la tendencia y trata de llegar primero"*. Actualmente, se ha dedicado a comprar muchas tierras agrícolas y es considerado por muchos como el mayor terrateniente actual de EEUU, dejando en claro que, en este caso, estar preparado para las tendencias de este tipo y seguirlas, se requieren ingentes cantidades de capital[38]. Además, con el mismo enfoque de integración podemos crear ciertas tendencias también, debido a la conversión de nuestros emprendedores en pioneros e innovadores de nuevos espacios mercados descubiertos; y, en este caso, nos estamos refiriendo al potencial que puedan desarrollar los micro, pequeños y medianos negocios o empresas (mipymes); en cuyo 4 caminos o mecanismos para lograr integración de mercados se pueden adaptar genuinamente.

Estos 4 mecanismos o caminos de integración: la integración de sectores o industrias, la integración de grupos estratégicos dentro de cada sector, la integración de cadenas de compradores, clientes y/o usuarios y la integración de ofertas complementarias de productos y/o servicios (Ver cuadro N° 2); nos servirán para explorar los mercados, sectores o industrias, que nos permitirán ir más allá de estos, para descubrir los nuevos espacios inexplorados y descuidados por la competencia y la industria; los cuales iremos viendo conforme desarrollemos el proceso de integración de mercados.

Cómo hemos observado anteriormente, consideramos solamente 4 los caminos, vías o mecanismos que nos van a permitir descubrir nuevos espacios de mercados, siendo los más convenientes para aplicarlos a nuestras micro, pequeñas y medianas empresas (mipymes); de los cuales

---

[37] *Véase John Bargh, ¿Por qué hacemos lo que hacemos? (2017); Martin Lindstrom, Buyology: Verdades y Mentiras de por qué compramos (2019) y Néstor Braidot, Neuromarketing: ¿Por qué tus clientes se acuestan con otro si dicen que les gustas tú? (2009).*

[38] *Otra cosa que debemos tener en cuenta cuando haya oportunidad de abordar las tendencias, si es que las hubiera, es que las tendencias deben ser claras, decisivas e irreversibles, si se quiere sacar provecho de ellas y no caer en el fango. Un ejemplo de ello, de no saber ver si tienen estas características para considerarlas, fue el caso de emprendedores que pusieron autocinemas, cuando se presentó la pandemia, creyendo estos de que era una tendencia decisiva e irreversible; por lo que tuvieron que perder mucho dinero y su emprendimiento irremediablemente quebró.*

consideramos la nueva alternativa clave y revolucionaria a la convencional única propuesta de la segmentación de mercados; y de los cuales uno de nuestros objetivos, como hemos venido reiterando, es tratar de adaptarlos a la micro, pequeña y mediana empresa (mipyme); que forma la gran parte de nuestra realidad y la gran mayoría demográfica empresarial[39] que necesita un nuevo enfoque creativo e innovador para el descubrimiento de nuevos espacios inexplorados; teniendo en cuenta, desde luego, un buen margen de maniobra[40] para corregir y mejorar los errores en el camino, sin que sea un mecanismo de alto riesgo que pueda hacer quebrar el negocio o despilfarrar los recursos limitados. Este es el enfoque del cual nos vamos a ocupar en el presente apartado (Figura Nº 8).

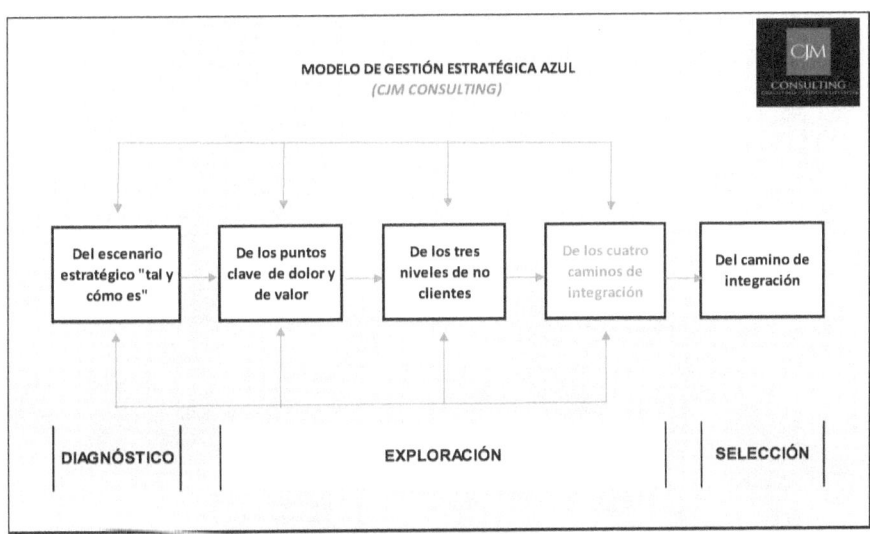

Figura Nº 8: Modelo de Gestión Estratégica Azul CJM Consulting
(Modelo MKM: Mendoza-Kim/Mauborgne)

En la figura Nº 9, podemos visualizar de manera gráfica, los 4 mecanismos para lograr la integración de mercados, en donde lograremos hacer el pastel económico del mercado mucho más grande, creando nuevas industrias y sectores. Estos 4 métodos o mecanismos, nos van dar la oportunidad de otorgar mayor valor para el nuevo mercado (clientes y no clientes) a un bajo costo, que nos va permitir maniobrar un mejor precio

---

[39] *Véase la nota al pie de página número 16.*
[40] *Para entender el margen de maniobra, véase Dirección Estratégica para negocios (Mipymes) (2023).*

estratégico accesible para los diversos integrantes del mercado objetivo que pretendemos crear. Es a lo que llamo poder ver con la mente, ver más allá de las fronteras, de los sectores, de las industrias, de los grupos estratégicos, de las cadenas de compradores, de las ofertas complementarias y de los mercados; para integrarlos y descubrir los nuevos espacios inexplorados. A continuación, veamos cada uno de los caminos adecuados, para la aplicación de las micro, pequeñas y medianas empresas (mipymes), analizando algunos casos de estudio y ejemplos tomados de nuestros maestros Kim y Mauborgne.

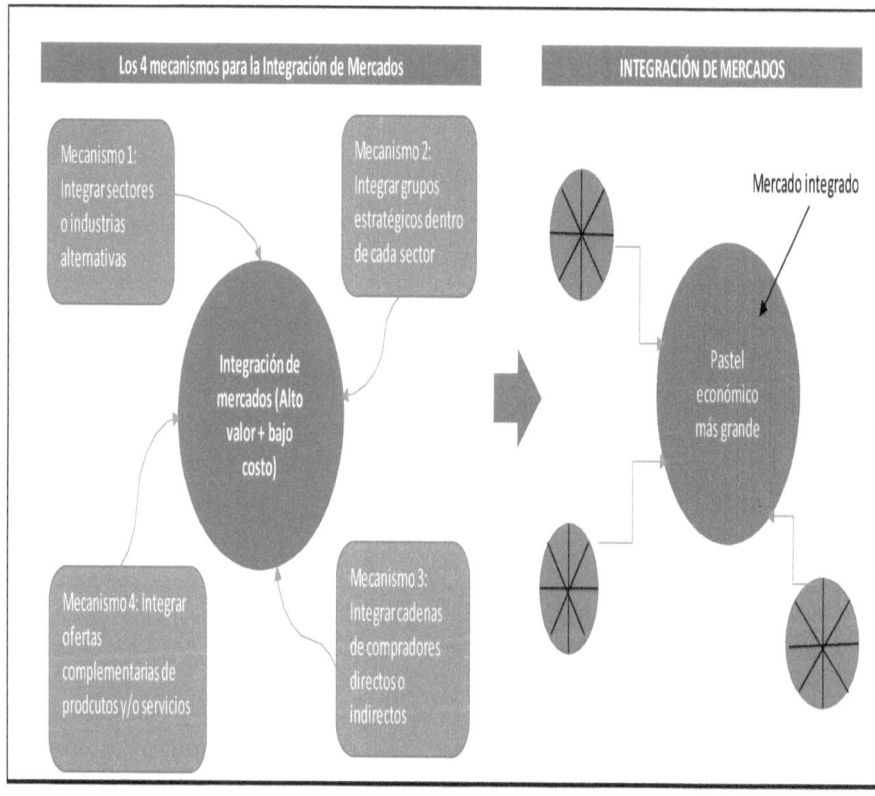

Figura N° 9: Los 4 mecanismos para lograr la integración de mercados
(Modelo MKM: Mendoza-Kim/Mauborgne)

Camino 1: Integrar sectores o industrias alternativas

En vez de centrarte en lo que hacen los rivales de tu sector, céntrate primero en ir más allá del sector o de la industria en la que estás, en los sectores o industrias alternativas de donde eligen tus clientes y no clientes. Yendo más allá podrás ver de otra manera, lograrás descubrir *puntos de valor* que no están siendo satisfechos y que otras industrias o sectores alternativos lo están dando, o tal vez no, y *puntos de dolor* que no están siendo atendidos por estas industrias o sectores alternativos; presentándose para ti un gran potencial de oportunidades que puedes aprovechar de esta exploración.

Cuando hablamos de puntos de valor, nos estamos refiriendo a aquellos factores o elementos que agregan utilidad, beneficio o satisfacción a nuestros clientes y no clientes; y que tal vez la competencia, los otros sectores o industrias alternativas no lo están dando o lo han descuidado por estar enfrascados, de manera intuitiva y convencional, en competir entre ellos en su mismo sector. Cuando hablamos de puntos de dolor, nos referimos a los elementos o factores que restan utilidad, beneficio o satisfacción a nuestros clientes y no clientes; y de los cuales estos, ya se han acostumbrado o hecho al dolor de recibirlos, debido a que la competencia, la industria o lo sectores alternativos, no pueden detectarlos por estar enfrascados sacarse ventajas unos a otros en ventajas comparativas.

De lo anterior, podemos decir que son una gran oportunidad el identificar estos puntos de dolor y de valor no detectados, y de los cuales se pueden sacar grandes ventajas; incrementando o creando puntos de valor y eliminando o reduciendo, en la manera de los posible, los puntos de dolor de nuestros clientes y no clientes que la industria o los sectores alternativos han descuidado; esto mirando más allá de nuestro simple sector, a través de la exploración de esta vía.

Ahora, mientras nuestros competidores y de paso nosotros continuamos pensando en lo que hace el otro dentro de nuestro mismo sector, los compradores o consumidores, toman sus decisiones de compra observando diversos sectores o industrias y aceptando sacrificios (puntos de dolor), para optar por determinada industria; estos sacrificios nos pueden dar las grandes oportunidades que estamos desperdiciando y pueden convertirse en el camino de entrada para descubrir los nuevos espacios de mercado a integrar; convirtiendo estos puntos de dolor de nuestros clientes y no clientes en puntos de valor altamente aprovechables.

Por ejemplo, cuando queremos entretenernos o relajarnos, optamos por decidir ir al cine (industria del cine), ir a un restaurant (industria de la restauración) o, tal vez, pagar una suscripción de Netflix (industria de las películas y series por afiliación), hacer canchita y quedarnos en casa a ver una buena selección de películas. Cada decisión de diferente sector de servicios tiene su sacrificio o puntos de dolor y valor para nosotros; por ejemplo, sí nos quedamos en casa a ver Netflix, tal vez nuestra pantalla sea muy pequeña y no disfrutemos una película en su plenitud de estreno en una pantalla gigante y con sonido surround envolvente. O también, en el transporte, si queremos viajar de Cajamarca a Lima, podemos optar por viajar en nuestro auto particular (industria automovilística), en autobús (sector del transporte terrestre) o en avión (sector del transporte aéreo); cada uno tiene sus sacrificios o puntos de dolor y sus puntos de valor para el usuario. A esto, los economistas suelen llamarlo costos de oportunidad.

La idea de este camino, es que descubramos porque o cuales son los motivos de elegir entre uno u otro sector de nuestros clientes y no clientes. Como cada uno de nosotros conoce ya a fondo su negocio, debemos identificar los problemas o necesidades que resuelve nuestra oferta y luego, hacer una lista de las soluciones de los otros sectores, que resuelven justamente esos mismos problemas o necesidades; es decir, de los sectores alternativos, como mencioné en los ejemplos anteriores.

En esta parte, para lograr la mejor eficiencia económica[41], dentro de las alternativas que vas a tener, es necesario centrarse en el sector o sectores de mayor mercado o demanda. De esta manera tendrás la potencialidad de desarrollar productos o servicios masivos, integrando un mayor potencial de mercados. A los no clientes de estos sectores son a los que debes dirigirte para entrevistar, observar e interpretar correctamente su comportamiento respecto del rechazo de los productos o servicios que brindas tú o tu sector. En este sondeo encontrarás elementos o factores comunes (puntos de dolor o valor), que no pasarán de uno o dos, entre los más importantes y comunes a todos, por los cuales estos no clientes eligen esos sectores o industrias alternativas. Ahí radicará la gran oportunidad de saber aprovecharlo para generar un alto valor para los consumidores.

Veamos el caso de Southwest Airlines, la compañía de transporte aéreo americana que revolucionó la industria aérea de viajes cortos en Estado Unidos, donde podremos observar claramente cómo se logra integrar industrias o sectores alternativos para convertirnos en pioneros innovadores descubridores de nuevos espacios de mercado nunca antes explorados por la competencia ni la industria. Al observar la industria y el mercado con el principio estratégico de gestionar de fuera hacía dentro, e ir

---

[41] *Eficiencia económica lo empleamos como la forma en como organizamos mejor los recursos, de tal manera, que se logre maximizar, en la mejor medida, la satisfacción de los clientes, y de la mejor manera posible, tanto en calidad como en cantidad.*

más allá de su industria misma de competencia y haciendo una exploración de los sectores alternativos a los que se enfrentaba Southwest y sus competidores, su equipo logro integrar la velocidad del sector del transporte en avión con el bajo costo del sector del transporte en automóvil. Con el resultado de esta exploración Southwest logro ofrecer un transporte de alta velocidad con salidas frecuentes, en horarios flexibles y precios módicos para la gran mayoría de usuarios y compradores. Con esta integración de mercados, la compañía de aviones logro poner fin a la disyuntiva clásica de la estrategia convencional de segmentación (escoger entre alto valor o bajo costo) de tener que elegir entre la velocidad de los aviones y los precios bajos y la flexibilidad de transporte terrestre; logrando así, integrar valor y costo al mismo tiempo; es decir, entregando el valor de la velocidad de los aviones y el bajo costo del transporte en auto. Esto es a lo que los padres de la estrategia de océano azul bautizaron como lograr innovación en valor[42], que es un concepto clave para generar nuevos espacios de mercado, crecimiento y desarrollo económico. Con esta propuesta, gracias a su visión integradora de mercados, Southwest logró revolucionar la industria de la aviación comercial en EEUU.

Como se puede apreciar en el cuadro N° 4, podremos identificar los factores claves de competencia de los sectores explorados por Southwest, convertidos en puntos de dolor y puntos de valor, de acuerdo con la valoración y las necesidades de los clientes que les arrojo la exploración. A este cuadro Kim y Mauborgne lo bautizaron como tabla Eliminar, Reducir, Aumentar y Crear (ERAC); pero es importante identificar cuáles serían los puntos de dolor y puntos de valor de nuestros clientes y clientes potenciales o no clientes; por lo que he agregado estos dos conceptos al cuadro y decidimos llamarle Cuadro de Identificación de Puntos de Dolor y Puntos de Valor del cliente; de tal manera, que podamos saber que cuando hablamos de puntos de dolor del cliente, debemos eliminarlos o reducirlos en la medida de lo posible, y cuando hablamos de puntos de valor para el cliente, por el contrario, debemos de aumentarlos o crearlos, también en la medida de lo posible, para lograr un alto grado de valor y un bajo costo (precio) al mismo tiempo.

---

[42] *Véase La Estrategia de Océano Azul, 2005.*

CUADRO DE IDENTIFICACIÓN DE PUNTOS DE DOLOR Y PUNTOS DE VALOR DE LA INDUSTRIA DEL TRANSPORTE AÉREO EN EEUU EN 1971	
PUNTOS DE DOLOR	
Eliminar	Reducir
* Diversidad de clases	* Precio tarifa aéreo convencional
* Conexiones desde un centro de operaciones	* Comidas
	* Salas de espera
PUNTOS DE VALOR	
Aumentar	Crear
* Servicio amable	* Salidas frecuentes de punto a punto
* Velocidad	

Cuadro N° 4. Cuadro de identificación de puntos de dolor y puntos de valor para la estrategia de integración de grupos estratégico de Southwest Airlines

En la figura N° 10, se muestra de manera gráfica, lo mencionado en el cuadro y párrafo anterior, a través de un cuadro estratégico que es una herramienta de doble entrada, donde se identificaron los factores o variables clave por lo que se compite y no compite en la industria y más allá de la industria, como hemos podido observar en el caso de Southwest que miro más allá, al sector del trasporte terrestre, detectando estas variables que no entregaba su industria y bien pudo aprovechar para generar valor e innovación para sus clientes y no clientes que utilizaban la ruta terrestre para sus viajes. En el cuadro estratégico también podemos observar los niveles de alto, medio y bajo, que son las escalas que se les da a cada factor clave, de acuerdo al nivel que entrega la empresa, los competidores directos y los de la industria o sector alternativo por sus productos o servicios.

Como se muestra en el cuadro estratégico en mención, los factores clave que se lograron identificar -fruto del conocimiento de la empresa, el sector, la exploración y la interpretación correcta del mercado[43]- son el precio, las comidas, las salas de espera, diversidad de clases, conexiones desde un centro de operaciones, el servicio amable, la velocidad y las salidas frecuentes de punto a punto. Entonces, el equipo de Southwest, al mirar fuera de la caja, hacia otros sectores, se percató de que aquellos no

---

[43] Interpretación correcta del mercado, significa saber lo que el cliente y no cliente quiere realmente y lo que rechaza, a veces, sin que el mismo lo sepa o sea consciente de ello; esto es, saber reconocer claramente sus puntos de dolor y puntos de valor para aprovecharlos en entregarle el valor adecuado y comercialmente viable a sus necesidades y deseos. Véase Dirección Estratégica para negocios (Mipymes), 2023.

clientes que prefieren utilizar el transporte terrestre, lo hacían porque no hay aburridas salas de espera, salidas frecuentes y sobre todo porque es mucho más económico; optando por ello, cuando hubiera disponibilidad de tiempo por utilizar el transporte terrestre en vez del aéreo convencional para distancias cortas. Por otro lado, los clientes que preferían viajar por avión, lo hacían no por el precio definitivamente, sino por la velocidad que conllevaba tomar un vuelo de un destino a otro.

Como usted podrá observar en la figura, los factores clave que entrega el transporte terrestre a sus clientes, representa la curva de color verde, con sus respectivos niveles en donde podrá darse cuenta que casi todos los factores entregados son bajos, incluido la velocidad, ya que si lo comparamos con la velocidad del avión, pues lógicamente quedaría muy por debajo, como bien se muestra en la gráfica, en donde el único factor más elevado son la salidas frecuentes de punto a punto que brinda el servicio terrestre.

La curva de color rojo, vendría a representar los factores clave que se entrega en la industria aérea, y cómo podemos ver, los niveles son mucho más altos que el terrestre, incluidos el precio y la velocidad, como ya mencionamos anteriormente.

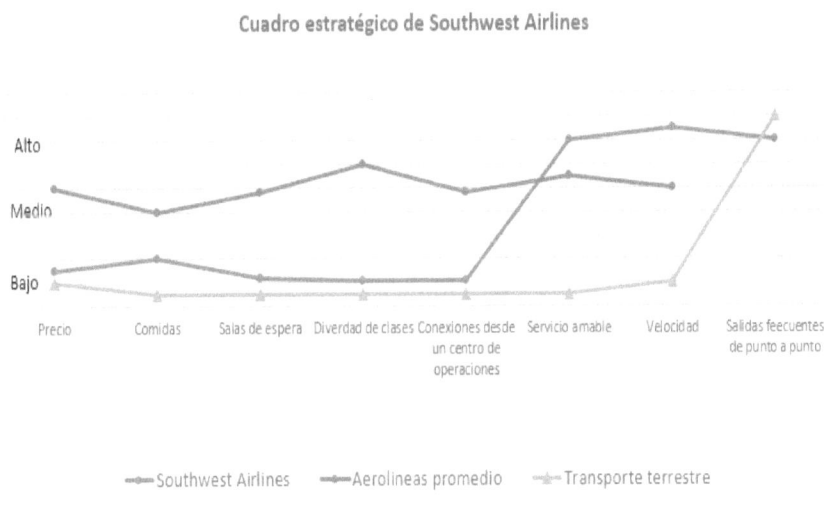

Figura N° 10: Cuadro Estratégico de Southwest Airlines
Fuente: Kim y Mauborgne, 2005

Lo que Southwest descubrió, al hacer su exploración de mercado y mirar más allá de la industria y el sector, es que la gran masa crítica de clientes, se encontraba repartida en ambos sectores, tanto en el terrestre como en el aéreo; en donde su equipo, pudieron darse cuenta que, para el sector terrestre, que prefería viajar en auto, lo hacían por el precio más económico y las salidas frecuentes de punto a punto; los cuales eran sus puntos de valor para estos viajeros. En cambio, para los clientes que decidían viajar por vía aérea, valoraban el servicio amable y la velocidad que eran altos, como se muestra en la figura N° 10, siendo estos sus puntos de valor para este sector de usuarios. Siendo que para la gran mayoría de viajeros de ambos sectores las comidas, las salas de espera, la diversidad de clases y las conexiones desde un centro de operaciones, no eran factores tan valorados; por el contrario, era fastidiosos y representaban puntos de dolor para ambos sectores.

Con este descubrimiento, el equipo, se dio cuenta que podía integrar ambos sectores y atraer a la gran mayoría de clientes de los dos sectores, disminuyendo o eliminado en la medida de lo posible todos esos puntos de dolor que rechazaban los usuarios de ambos sectores y creando o incrementado los puntos de valor por los cuales los usuarios de ambos sectores utilizaban los servicios aéreos o terrestres. Con ello, Southwest redujo las comidas a bordo, eliminó las salas de espera, eliminó la diversidad de clases y eliminó las conexiones desde un centro de operaciones, que eran una molestia para muchos usuarios o que no le daban tanta valoración; e incremento el servicio amable por encima de la industria aérea promedio, incremento la velocidad de sus vuelos por encima del promedio de la industria y creó más salidas frecuentes de sus servicios de punto a punto (Ver cuadro N° 4). De esta manera, integro ambos mercados de clientes, quienes se beneficiaron con los mejor de cada servicio, atrayendo a la gran masa de usuarios de los ambos sectores; logrando atender un nuevo espacio de mercado completamente desatendido y revolucionando la industria de los servicios de vuelo de corta distancia. En la figura N° 10, esta estrategia viene representada por la curva de color azul.

Cabe señalar, que al disminuir o eliminar los puntos de dolor descubiertos de los clientes y no clientes, el equipo pudo tener un mejor margen en la disminución de costos para poder establecer un precio estratégico bajo parecido al entregado por el costo del transporte terrestre; de esta manera Southwest Airlines, entregaba a sus clientes de ambos sectores un alto valor y un bajo precio al mismo tiempo -inclusive muchos clientes de primera clase optaron por utilizar los servicios de Southwest-, satisfaciendo a la gran mayoría de ambos sectores; con lo cual, el crecimiento y la rentabilidad quedaban asegurados. Con esta estrategia

Southwest se convirtió en la aerolínea de transporte de bajo costo más exitosa del mundo.

A continuación, en el cuadro N° 5 se muestran algunos ejemplos exitosos de casos de integración de sectores o industrias alternativas para afinar mejor las ideas creativas.

EJEMPLOS DE CASOS DE INTEGRACIÓN DE SECTORES O INDUSTRIAS ALTERNATIVAS

Empresa, Producto / Servicio	Nuevo emprendimiento o ya establecido	Características	Atractivo del sector	Proceso	Nuevo espacio de mercado creado (innovación)
Ford modelo T	Nueva empresa	Introducido en 1908 por Ford Company, el modelo T fue el primer automovil producido en forma masiva a precio accesible para la gran mayoría de estadounidenses.	No atractivo	Integró el sector de la industria automovilística, que para entonces solo fabricaba automóviles para la clase alta, como artículos de lujo a precios exhorbitantes y díficles de mantener, con el sector de los carruajes a caballo, más baratos y fáciles de mantener.	Creó el nuevo mercado de automóviles de bajo costo para uso en el trabajo y familiar a un precio accesible para todos.
El Quicken	Empresa establecida	La compañía Intuit lo introdujo en 2008. Es un herramienta de gestión en finanzas personales que otorga la rapidez y precisión de la tecnología con un bajo precio y la facilidad y sencillez de hacer cálculo a lápiz y papel.	No atractivo	Integró el mercado de la gente que gustaba de la velocidad y exactitud del software y el ordenador (sector de los software de finanzas) con el mercado de la gente que no entendía la tecnología, gustaba del precio, la simplicidad y facilidad de uso del lapiz y papel (sector de los útiles de escritorio) para gestionar sus finanzas.	Creó un nuevo espacio de mercado de la herramientas electrónicas de finanzas personales simples y fáciles de entender a precios accesibles para todos.

CONTINUA

EJEMPLOS DE CASOS DE INTEGRACIÓN DE SECTORES O INDUSTRIAS ALTERNATIVAS

Empresa, Producto / Servicio	Nuevo emprendimiento o ya establecido	Características	Atractivo del sector	Proceso	Nuevo espacio de mercado creado (innovación)
NetJets	Empresa establecida	Servicio para altos ejecutivos introducido en 1993, que ofrece lo mejor de los vuelos comerciales y privados, beneficiando a sus clientes con la conveniencia y velocidad de un avión privado con costos fijos más bajos que comprar un avión privado y costos variables menores que los aviones comerciales.	No atractivo	Integró la rapidez, la facilidad de desplazamiento, la flexibilidad, la confiabilidad y el servicio a bordo del sector de la aviación privada con el bajo precio, la comodidad de no tener que administrar un avión privado y los costos inexistentes, de mantenimiento, del sector de la aviación comercial.	Creó el nuevo mercado de vuelos en jet privado -con todos sus beneficios- y con la accesibilidad, el costo, el precio de la aviación comercial para todas la empresas que lo requieran.
El Circo del Sol	Nueva empresa	Innovación creada en 1984, que revolucionó la industria circense, entregando un espectaculo lleno de experiencias emocionantes con lo mejor de los actos circenses y no circenses como el tema, la multiplicidad de producciones, un ambiente refinado para el público, con música y danzas artísticas.	No atractivo	Integró lo mejor de la diversión, el humor, el suspenso y el peligro de la industria del circo tradiconal con lo mejor del tema, los ambientes refinados, infinidad de producciones, con música y danza en vivo tomado de la industria alternativa del teatro y el ballet.	Creó un nuevo mercado de la innovación circense con los grandes actos y atractivos del teatro y el ballet. Para muchos expertos es una industria completamente nueva que no puede definirsele aún el nombre.

Cuadro Nº 5: Ejemplos de casos exitosos de integración de sectores o industrias alternativas

En el cuadro N° 6, se muestran los pasos a tener en cuenta para lograr integrar los sectores o industrias alternativas.

Pasos para integrar sectores o industrias alternativas
1. Identificar los problemas o necesidades principales que, desde el punto de vista del comprador (piensa y siente como cliente para hacer tu evaluación), resuelve la oferta de tu sector actual u objetivo.
2. Plantea la siguiente pregunta: ¿Qué sectores alternativos resuelven los mismos problemas o necesidades a los compradores? Preguntate (piensa y siente como cliente): "Si fuera el comprador, ¿qué sectores alternativos tendría en cuenta antes de decidirme por nuestro sector?". Esto ayuda a cambiar de perspectiva y a pensar desde el punto de vista de la demanda en lugar del de la oferta. Interpreta correctamente el mercado.
3. De todos los sectores alternativos, ¿Cuáles atraen al mayor número de clientes? Centrate en estos y entrevista a los compradores de dichos sectores alternativos. Para atraer la mayor demanda posible.
4. Indaga por qué los compradores evaluaron tanto tu sector actual u objetivo como otros sectores alternativos y averigua cuáles son los principales aspectos negativos (puntos de dolor) de los sectores que rechazaron y los principales aspectos positivos (puntos de valor) del sector que eligieron.
5. Anota la información obtenida.

Cuadro N° 6. Pasos para integrar sectores o industrias alternativas
Fuente: Adaptación tomada de Kim y Mauborgne (2018)

Camino 2: Integrar grupos estratégicos dentro de cada sector

Este mecanismo es muy parecido al camino 1, sino que acá, la diferencia se encuentra en que ya no exploramos la otras industrias o sectores con sus productos y/o servicios sustitutos, exploramos los diferentes grupos estratégicos dentro del mismo sector de actividad que brindan los mismos productos y servicios, pero a una escala o nivel diferente. Como bien nos enseñan Kim y Mauborgne, estos niveles o escalas, las debemos de diferenciar por dos dimensiones fundamentales a la hora de la entrega del producto y servicio de estos grupos estratégicos, los cuales son: el precio y el rendimiento; lo cual va con el clásico enfoque convencional porteriano de a mayor valor mayor costo y viceversa, que es como compiten todos los negocios o la gran mayoría en la industria.

Esto quiere decir, que cuando hablamos de alto rendimiento, ello conlleva a un mayor precio de cobro por el producto y/o servicio otorgado, y cuando el rendimiento del producto y/o servicio es menor, ello implica cobrar un menor precio. De esta manera, es como juegan su rol todos los negocios en ese enfoque de competencia dentro del mismo grupo estratégico del sector en el que se encuentran.

La clave para romper este patrón de visión reducida dentro de la canasta y mirar de otra manera, para crear nuevos espacios de mercado dentro de los grupos estratégicos es, al igual que en el caso del camino 1, explorar cuales son los factores principales comunes que determinan que los clientes y no clientes elijan entrar o comprar en un grupo estratégico o en otro dentro del mismo sector.

Veamos el caso de Hoteles CitizenM, que fueron pioneros en crear el nuevo concepto en cadenas de hoteles y descubrieron un nuevo espacio de mercado completamente no atendido, inaugurando su primer hotel en Ámsterdam. Lo lograron, haciendo exploración dentro del mismo sector hotelero, para integrar los grupos estratégicos del sector y poder captar el mercado masivo de viajeros frecuentes que lo hacen por trabajo, por placer o por turismo. Efectivamente, al indagar sobre el sector hotelero, el equipo de CitizenM se percataron que la gran mayoría de viajeros utilizaban los hoteles de tres estrellas y los hoteles de lujo; existiendo un gran potencial de mercado masivo a ser atendido por estos dos grupos, el equipo lo observó como una gran oportunidad de océano azul descuidada y podría ser descubierta si integraban lo mejor de ambos grupos de cada sector.

A través de la exploración que realizaron, el equipo logro descubrir los factores clave en común por los cuales competían, tanto el grupo estratégico de los hoteles de tres estrellas como los del grupo de cinco estrellas; así, identificando cuáles de estos factores clave en común para los clientes, sea de los de tres estrellas o los de cinco estrellas, descubrieron sus puntos de dolor y puntos de valor. Al igual que en el caso de la integración de sectores (camino 1), la clave aquí radicó en que supieron detectar estos puntos de dolor y de valor en común que poseen los viajeros; de tal manera, que los puntos de dolor que sufrían los viajeros en estos hoteles, los eliminaron o redujeron en la medida de lo posible, y los puntos de valor que ellos valoraban y necesitaban, los incrementaron y crearon en la manera de lo posible para lograr satisfacer a ambos grupos y lograr mayor eficiencia en el mercado hotelero, entregando a los viajeros un alto valor de servicio, al mismo tiempo que un gran precio estratégico competitivo muy accesible para la gran mayoría del mercado hotelero. En otras palabras, con esta integración de mercados, CitizenM logró entregar los servicios de lujo de un hotel de cinco estrellas al precio tan accesible como el de un hotel de tres estrellas.

El resultado fue una ocupación media del 90%, 80% más que la media del sector, un coste total por habitación de 40% menos que los hoteles de 4 estrellas, un coste de personal 50% menos que la media del sector y con una rentabilidad por metro cuadrado de casi el doble que el de los hoteles de gama alta[44]. Esto es lo que denomino lograr eficiencia social y económica, entregando alto valor y bajo precio a la vez para el nuevo espacio de mercado.

En el cuadro N° 7, al igual que en el caso de integración de sectores, podemos observar un cuadro donde podremos identificar los factores claves explorados por CitizenM, convertidos en puntos de dolor y lo puntos de valor, de acuerdo con la valoración y las necesidades de los viajeros en la exploración que hicieron.

CUADRO DE IDENTIFICACIÓN DE PUNTOS DE DOLOR Y PUNTOS DE VALOR DE LOS HOTELES DE 3 Y 5 ESTRELLAS EN 2008	
PUNTOS DE DOLOR	
Eliminar	Reducir
* Recepción y servicio de conserje	* Tipos de habitaciones
* Botones y portero	* Tamaño de la habitaciones
* Restaurantes de servicio completo y servicio de habitaciones	* Precio frente a los hoteles de cinco estrellas
* Vestíbulo	
PUNTOS DE VALOR	
Aumentar	Crear
* Entorno para dormir: cama extragrande, sabanas lujosas, silencio y ducha con potencia	* Kioskos para autorregistrarse en 1-3 minutos
* Ubicación de primer orden	*Zona común con bar y zona para tomar algo y con iMacs a disposición de los clientes 14/7
* Películas gratis a demanda, llamadas con buenas tarifas, internet de alta velocidad gratis al instante y muchos enchufes para los dispositivos de los clientes	* "Embajadores" multifuncionales con un talante amable y con actitud predispuesta a ayudar; sin una plantilla que sigue un guion

Cuadro N° 7. Cuadro de identificación de puntos de dolor y puntos de valor para la estrategia de integración de grupos estratégico de Hoteles CitizenM

---

[44] *Kim y Mauborgne, 2018.*

Como se puede apreciar en el cuadro de puntos de dolor y de valor del cliente, CitizenM descubrió, a través de entrevistas, observación, estudio de los grupos estratégicos y una correcta interpretación del mercado (de las necesidades e insatisfacciones de los viajeros que no estaban siendo atendidas), los principales puntos de dolor que debería de reducir y eliminar, tales como la recepción -que de ambos grupos estratégicos (los de 3 y 5 estrellas) los veían como una incomodidad, una demora y pérdida de tiempo-; los botones -que consideraban innecesarios ya que la mayoría viajaban con equipajes muy ligeros, considerando ellos mismos llevar su maletas- y los restaurantes, ya que la gran mayoría optaba por comer en la calle, en restaurantes cuyos servicios era mucho mejores y cercanos; los cuales como resultado, no agregaban ningún valor y en muchos casos eran una molestia, por lo tanto deberían eliminarse; así como también, la gran mayoría de viajeros no consideraban importante tener que escoger entre tantos tipos de habitaciones y tamaños, así que deberían de reducirse hasta lo necesario para la comodidad de los viajeros.

Por el lado de los puntos de valor, se detectó que los clientes valoraban en gran medida factores como el entorno para dormir como una cama extragande, sabanas de primera, ultra silencio y una gran ducha de buen poder; una gran ubicación y película gratis a demanda; que, por lo tanto, deberían aumentarse. También se descubrió que podrían crearse servicios como kioskos rápidos de autoregistro, zona común con bar y embajadores multifuncionales de gran trato y servicio, que incrementaría en gran medida el valor para los clientes que esperaban recibir.

Como el lector, ya habrá podido recordar, cuando hablamos de puntos de dolor, tenemos que eliminar y reducir; y cuando hablamos de puntos de valor, tenemos que aumentar o crear; esto para lograr, a través de la integración, el mayor valor al precio más accesible posible que podamos lograr para crear un producto y/o servicio masivo de rápido crecimiento y alta rentabilidad para el nuevo modelo de negocio pionero que se está creando –sí es que estas empezando- o transformando -sí que es ya eres un emprendedor y estás buscando nuevos caminos y oportunidades-.

En la figura N° 11, se muestra claramente la calibración hecha de lo anterior mencionado, sobre los puntos de dolor y valor del cuadro N° 7; en donde se ve, a través de la curva de valor de color verde, como se han trazado gráficamente los niveles de cada factor, aplicando que eliminar, que reducir, que aumentar y que crear sobre los puntos de dolor y de valor que experimentan los clientes y no clientes.

Otra cosa que es importante recalcar aquí, y que sirve para la elaboración del cuadro estratégico, corresponde al precio que; tal vez usted ya se haya percatado, cuando observamos si es que el precio puede ser un punto de dolor o un punto de valor para el cliente. Como podrá darse cuenta, en ese aspecto el precio lo podemos considerar como relativo, respecto a cómo abordaríamos nuestra exploración, o desde que sector, industria o grupo estratégico lo estamos evaluando. Por ejemplo, en el caso de CitizenM, se lo está evaluando desde el grupo estratégico de alta gama o de los hoteles de cinco estrellas; es decir, desde un precio alto, si lo observamos con la lupa competitiva tradicional del clásico a mayor valor mayor precio y viceversa[45]; por lo tanto, el precio alto de los hoteles de lujo, sería considerado un punto de dolor al que hay que ajustar para lograr nuestro objetivo de alto valor y bajo precio. De esto, podemos deducir claramente que, cuando el precio es bajo, puede ser considerado un punto de valor para el cliente. Esto es muy importante tener en cuenta para este modelo de estrategia, y no solo para este modelo creo yo; ya que cuando tenemos sectores, industrias o economías que no están en crecimiento o están peor aún, en graves crisis y no saben cómo salir del hoyo; en este caso, para la mayoría de agentes económicos, sean empresas, gobiernos, clientes, proveedores o cualquier individuo de a pie, el precio alto siempre será considerado como un punto de dolor y los precios bajos como puntos de valor para el individuo.

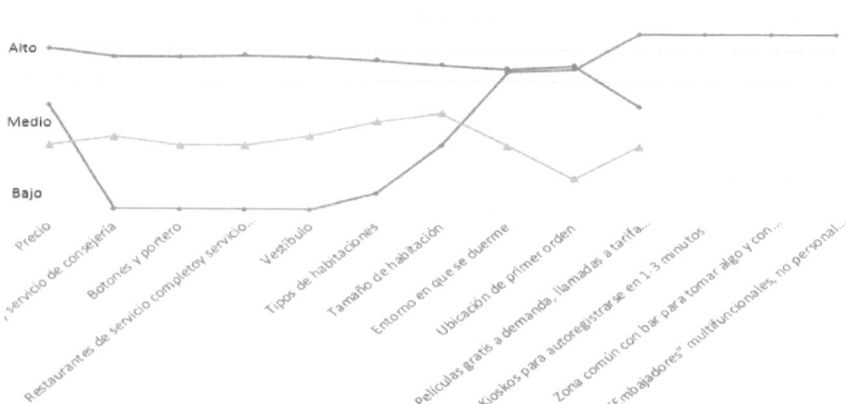

Figura N° 11: Cuadro Estratégico de Hoteles CitizenM
Fuente: Kim y Mauborgne, 2018

---

[45] *Véase Michael Porter, Ventaja Competitiva (2013).*

Por otro lado, al observar gráficamente el cuadro estratégico de CitizenM, podemos percatarnos que, para la elaboración del mismo, el precio siempre se colocará primero, luego los puntos de dolor y finalmente los puntos de valor; siguiendo el orden de reducir, eliminar, aumentar y crear, en ese estricto orden, para lograr una curva de valor que tenga coherencia estratégica, con foco, divergencia y mensaje contundente[46].

Como podemos apreciar en el cuadro estratégico de CitizenM (Figura N° 11), la curva de valor roja representa la estrategia que siguen los hoteles de lujo de 5 estrellas, en donde casi todo es elevado por el precio que pagan sus viajeros; operando dentro de las condiciones y límites establecidos que te da el mismo sector hotelero, entregando lo clásico y convencional, alto precio por alto valor en los factores competitivos que representa la curva roja. La curva de color verde, representa el perfil estratégico convencional del mercado de hoteles de 3 estrellas, siguiendo, de la misma manera las condiciones establecidas por el sector hotelero, de que, a menor precio, menor los servicios que representa la curva verde, en comparación con la curva roja de los hoteles de lujo que representan niveles más altos. Esta estrategia la siguen todos los hoteles, sean de una, dos, tres, cuatro o cinco estrellas, rigiéndose en el parámetro convencional y no viendo más allá de los propios grupos estratégicos, cosa que hizo CitizenM; por eso, sus curvas de valor son muy parecidas, pero a diferente escala o nivel, porque siguen estrategias alineadas en el mismo enfoque clásico, ahogándose en océanos rojos de ultra competencia, por el ello, como habrá podido percatarse le hemos dado el color rojo a la curva de valor del mercado de referencia de los hoteles de lujo –océano rojo / estrategia roja-, que es el de la referencia que se toma para la estrategia de CitizenM, y le hemos dado el color azul a la curva de valor de CitizenM –estrategia azul / océano azul-.

Como usted podrá ver en el cuadro estratégico de CitizenM, el resultado que representa su perfil estratégico en la curva de color azul es completamente diferente; dando como resultado, gracias a la exploración del mercado que hicieron de los grupos estratégicos de 3 estrellas y de 5 estrellas, que los factores clave de competencia –como se muestra en el cuadro N° 7- como recepción y servicio de conserje, botones y portero, restaurantes de servicio completo y servicio de habitaciones, resultaron ser puntos de dolor para los clientes , tanto de 3 como se 5 estrellas, y no los valoraban, por el contrario muchos los consideraban incomodos; por lo tanto CitizenM, los elimino por completo como se muestra en los niveles de la curva de valor azul donde pasa por el nivel mínimo de cero, al ras del eje horizontal. Al igual que los factores tipos de habitaciones y tamaño de las

---

[46] *Véase Kim y Mauborgne, 2005.*

habitaciones, que descubrieron que los clientes no necesitaban tener tantos espacios tan grandes innecesariamente, así como tanto tipo de categorías que les resultaban cansados; así que, el equipo los redujo, en la medida de lo posible, como se ve reflejado en la curva de valor azul de CitizenM.

En cuanto a los factores entorno para dormir, ubicación de primer orden y películas a demanda para ver gratis y otros más, descubrieron de que se trataba de puntos de valor, que los clientes valoraban mucho; por lo tanto, CitizenM igualo o supero esos puntos de valor para los viajeros, a comparación con los que ofrecían los otros hoteles. Y descubrió crear nuevos factores que el sector no estaba dando, pero que los viajeros valoraban y en muchos casos resolvían sus puntos de dolor como son los kioskos automáticos para no perder tanto tiempo, la zona de común de bar 24/7 para cuando los clientes lo necesiten y los "embajadores" multifuncionales que estaban ahí para los clientes cuando estos los necesiten.

En el caso del precio, como ya hemos mencionado anteriormente, se tomó como referencia, desde el punto de vista de los hoteles Premiun (5 estrellas), lo que indicaría un precio alto, por lo que se convertiría en un punto de dolor para los viajeros y sería necesario reducir para que la gran mayoría pueda tener acceso al gran valor que estaba a punto de ofrecer Hoteles CitizenM. Con este perfil estratégico, representado en la figura N° 11, CitizenM entrego el servicio de un Hotel Premium a un precio muy accesible para todos, incluso la calificación que le dan las autoridades hoteleras es la de un hotel de 5 estrellas. Inclusive, logró que los clientes de los hoteles de 4 estrellas utilizarán los servicios de Hoteles CitizenM.

En el cuadro N° 8, se muestran algunos ejemplos exitosos e ilustrativos de casos de integración de grupos estratégicos dentro de cada sector.

EJEMPLOS DE CASOS DE INTEGRACIÓN DE GRUPOS ESTRATÉGICOS DENTRO DE CADA SECTOR					
Empresa, Producto / Servicio	Nuevo emprendimiento o ya establecido	Características	Atractivo del sector	Proceso	Nuevo espacio de mercado creado (innovación)
El Walkman	Empresa establecida	Creado por Sony y lanzado en 1979, fue un producto que revolucionó la industria de la música, al entregar a los clientes un artículo para escuchar música con alta fildelidad, en stereo, un modelo atractivo, portatil y super ligero que atrajo también al mercado de los deportistas y viajeros de las zonas urbanas y rurales.	Competitivo	Integró el mercado de los fabricantes de equipos de sonido de gran acústica y con diseños elegantes, con el grupo estratégico de los fabricantes de radios de transistores, valorados por sus diseños a bajos precios y sus adecuados tamaños y pesos.	Creó el nuevo mercado de los productos portatiles, ligeros y de mano, con la calidad, fidelidad y sonido de los equipos de sonido de gran tamaño.
Gimnasios Curves	Nueva empresa	Iniciado en 1995 en Texas, es un programa de ejercicios para muejeres que ocasionó una nueva demanda explosiva en el sector del ejercicio físico, ofreciendo un ambiente relajado para personas del mismo sexo, comodidad y un atmósfera femenina placentera, a un precio accesible, sin las maquinas tediosas y complicadas de los gimnasios tradiconales.	No atractivo	Integró lo mejor de los gimnasios tradicionales como un ambiente relajado que fomenta la disciplina y la motivación para hacer ejercicio con lo mejor de los programas para ejercitar en casa como un precio módico, sin maquinas complicadas, un ambiente relajado para personas del mismo sexo y gran comodidad en un ambiente femenino placentero.	Creó el nuevo mercado de ejercicios físicos con la disciplina y motivación de los gimnasios tradicionales, pero al estilo y comodidad de hacerlos en casa, en un ambiente de motivación sólo para mujeres.

CONTINUA

Empresa, Producto / Servicio	Nuevo emprendimiento o ya establecido	Características	Atractivo del sector	Proceso	Nuevo espacio de mercado creado (innovación)
El Lexus de Toyota	Empresa establecida	Lanzado por la compañía automovilística Toyota en 1989, el Lexus de Toyota ofrece para sus clientes la alta calidad de los vehículos de gama alta como Mercedes Benz, BMW y Jaguar por un precio más cercano a vehículos de la gama estandar como la del Lincoln o el Cadillac.	Competitivo	Integró los grupos estratégicos de la industria de automoviles de gama alta y gama baja, ofreciendo alta calidad, sofisticación y elegancia por el precio más accesible de un vehículo convencional.	Creó el nuevo mercado de los automóviles de lujo al precio más accesible de automóviles comerciales para todo público.
La Minivan de Chrysler	Empresa establecida	Lanzada en 1984 por Chrysler, creo una nueva clase de automovil que era muy fácil de usar como coche, pero que tenía el espacio para pasajeros de un espacio más grande como una van.	No atractivo	Integró la facilidad, maniobravilidad, simplicidad y precio accesible del mercado de pequeños automoviles con el espacio y capacidad de los coches más espaciosos como las van.	Creó el nuevo mercado de los automóviles para gente que necesita el espacio y capacidad de las van.

Cuadro Nº 8: Ejemplos de casos exitosos de integración de grupos estratégicos dentro de cada sector

En el cuadro N° 9, se muestran los pasos a tener en cuenta para lograr integrar los grupos estratégicos dentro del mismo sector o industria.

Pasos para integrar grupos estratégico dentro de cada sector
1. Identifica los grupos estratégicos de tu sector actual u objetivo.
2. Centrate en los dos grupos estratégicos más importantes.
3. Entrevista a los compradores de cada grupo. Averigua porque los compradores saltan de un grupos estratégico a otro. Descubre los factores difereneciadores que llevan a usuarios a elegir un grupo en lugar de otro. Pregunta a esos mismos usuarios cuáles son los principales aspectos negativos que les induscen a rechazar un grupo.
4. Anota la información clave, sobre todo los motivos que sustentan las decisnes de los compradores.

Cuadro N° 9. Pasos para integrar grupos estratégicos dentro del sector o industria
Fuente: Kim y Mauborgne, 2018

Camino 3: Integrar cadenas de compradores directos o indirectos

Cuando hablamos de compradores directos, nos estamos refiriendo a los clientes –pueden ser intermediarios- y usuarios que hacen uso, se benefician o tienen relación directa con el producto o servicio. Los clientes son los que compran el producto o servicio y los usuarios son los que consumen el producto o servicio. Por ejemplo, cuando se le compra un juguete a un niño, el padre vendría a ser el cliente y el niño vendría a ser el usuario del producto. Cuando hablamos de compradores indirectos, hablamos de influencers, expertos o líderes de opinión que no necesariamente compran o consumen el producto o servicio, pero que influyen de manera indirecta en la compra o su consumo. Por ejemplo, los médicos que influyen en la compra de medicamentos, los artistas, deportistas y actores de cine que influyen en la compra de ropa, productos deportivos, autos, etc.

El enfoque competitivo que utilizan casi todas las empresas, negocios e industrias, lamentablemente, mantienen a muchas con una mirada sesgada únicamente con la atención centrada en un determinado grupo de clientes directos o indirectos; perdiendo posibles oportunidades de encontrar un nuevo espacio de mercado no atendido o una gran demanda masiva completamente desperdiciada, al no mirar más y no explorar el resto de grupo de compradores, sean clientes, usuarios, intermediarios o influencers, para descubrir puntos de dolor que no están siendo atendidos e integrarlos en la oferta. Por ejemplo, la industria farmacéutica suele centrarse, porque es el modelo o paradigma convencional competitivo, en segmentar su foco de atención en los influenciadores, es decir los médicos, para vender sus productos; descuidando completamente al gran grupo de clientes o usuarios que son los que compran y consumen sus productos. Explorar y conocer todos los grupos de compradores, conlleva a extender las oportunidades para descubrir nuevas necesidades pasadas por alto e integrar nuevos espacios de mercado no atendidos.

Veamos el caso de la compañía danesa productora de insulina Novo Nordisk. De manera tradicional, como mencionábamos anteriormente, la industria de la insulina estaba centrada solo en un segmento de compradores indirectos, en este caso lo líderes de opinión o influenciadores en las decisiones de los usuarios (diabéticos), es decir en los médicos; siendo este segmento su mercado objetivo; por lo que la industria concentraba todos sus esfuerzos en producir una insulina cada vez más pura, ya que esta era la exigencia y valoración de los médicos líderes de opinión con respecto a esta sustancia. En consecuencia, el resultado fue que se hicieron innovaciones tecnológicas solamente en cuanto a la pureza de la insulina, a principios de los años 80; llegando a un punto en el que no se podía ya avanzar en ese parámetro de la purificación de la insulina, que el paradigma competitivo de la industria exigía para ese momento, y todas las farmacéuticas productoras de insulina seguían ese paradigma segmentativo convencional.

Entonces apareció Novo Nordisk, que se atrevió a ver de manera diferente, se atrevió a ver más allá del esquema tradicional que todos los competidores convencionalmente seguían; y entendió e integró a los pacientes directos del consumo de insulina, en sus esfuerzos por satisfacer las necesidades con su producto. Con este nuevo enfoque, Novo Nordisk descubrió que la insulina que se suministraba a los pacientes era difícil de administrar por ellos, cosa que los médicos no podían haberse dado cuenta, que se habían centrado únicamente en la pureza. Este punto de dolor descubierto, incluía que el paciente debía lidiar con los estigmas sociales, la incomodidad y la tarea desagradable de tener que manipular la jeringa, la aguja, la insulina y las dosis adecuadas a sus necesidades; sobre todo cuando tenía que llevar todos esos instrumentos fuera de su casa y tener que aplicarse dosis frecuentes al día.

Al tener claro, los puntos de dolor y puntos de valor descubiertos por Novo Nordisk, sabían que debían eliminar y reducir, en la manera de lo posible, y que aumentar y crear para incrementar el valor para los usuarios directos de la insulina que fabricaban, como se muestra en el cuadro N° 9.

CUADRO DE IDENTIFICACIÓN DE PUNTOS DE DOLOR Y PUNTOS DE VALOR DEL CONSUMO DE INSULINA EN 1985	
PUNTOS DE DOLOR	
Eliminar	Reducir
* Estigmas sociales	* Incomodidad
* Tareas desagradables de manipulación	
PUNTOS DE VALOR	
Aumentar	Crear
* Rápidez en la dosificaión y frecuencia	* Dosificación fácil y sencilla
	* Comodidad para la administración de las dosis

Cuadro N° 9. Cuadro de identificación de puntos de dolor y puntos de valor para la estrategia de integración de cadenas de compradores directos e indirectos

Este descubrimiento, a través de la exploración, que hizo de las cadenas de compradores, llevó a Novo Nordisk a crear el NovoPen, lanzado al mercado en 1985, que consistía en una pluma con un cartucho, fácil y sencilla de usar para la dosificación y administración de la insulina que duraba una semana aproximadamente; con lo cual, descubrió un nuevo mercado completamente desatendido por la industria farmacéutica convencional. Con esta solución Novo Nordisk, elimino los puntos de dolor descubiertos, que no habían sido atendidos ni por los médicos ni por la industria. Con este producto, los pacientes se evitaban completamente las molestias y la vergüenza con el uso de todo el aparato y equipamiento que tenían que hacer para administrarse la insulina. Con esta innovación en valor, los pacientes podían inyectarse ellos solos, de manera fácil, sin la vergüenza social de las agujas y las jeringas que proveía la industria tradicional.

Como se observa en la figura N° 12, en el cuadro estratégico de NovoPen, Novo Nordisk entrego un alto valor completamente diferente a la industria del sector, eliminado los estigmas sociales, las tareas desagradables de manipulación de las jeringas con las agujas, reduciendo en gran medida la incomodidad que sufrían los pacientes, incrementando la rapidez y dosificación, creando una dosificación más fácil y práctica y creando comodidad para los pacientes en la administración de las dosis. Creando una curva de valor –en color azul- completamente divergente y con foco en la reducción y eliminación de los puntos de dolor y la creación e incremento de los puntos de valor para sus usuarios, quienes eran los que realmente demandaban la insulina que fabricaban.

Si bien es cierto, en este caso –y también lo veremos más adelante en el siguiente caso- el precio se incrementó, motivo por el cual no lo hemos incluido en el cuadro N° 9, ya que al incrementar no lo podemos considerar un punto de valor; es necesario considerar el costo, y como puede observar en el cuadro estratégico al eliminar y reducir los puntos de dolor de los pacientes, sus costos para ellos se redujeron en enorme medida, por lo que compensa y sobrepasa, a través del valor que se entrega, el precio que se paga, agregándole a ello, como se ve en la figura N° 12 y el cuadro N° 8, los puntos de valor incrementados y creados en beneficio de los pacientes (compradores directos de la industria).

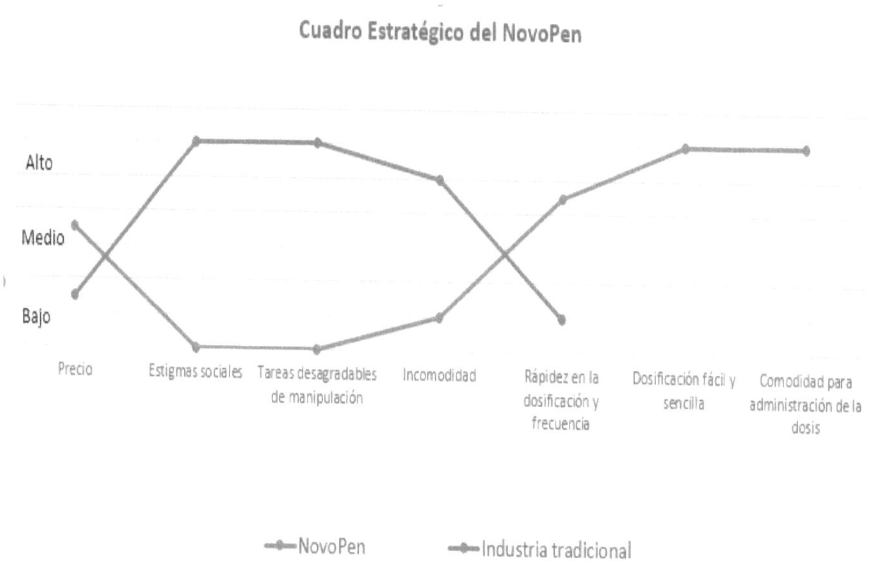

Cuadro Estratégico del NovoPen

Figura N° 12: Cuadro Estratégico del NovoPen

Con esta estrategia, el NovoPen se adueñó del mercado de la insulina con una participación superior al 60% en Europa y el 80% en Japón, representando el 70% de sus ventas, los productos relacionados con el NovoPen y el tratamiento de la diabetes; incluso era tan fácil de maniobrar que hasta integró el mercado de las personas diabéticas ciegas que necesitaban administrarse las dosis de insulina de manera fácil y práctica.

Logrando todo esto, al cambiar el enfoque, mirar más allá e integrar a los usuarios del producto en lugar de los influencers o líderes de opinión.

En el cuadro N° 10, se muestran algunos ejemplos exitosos de casos de integración de cadenas de compradores directos y/o indirectos para afinar mejor las ideas creativas para su negocio o emprendimiento.

Empresa, Producto / Servicio	Nuevo emprendimiento o ya establecido	Características	Atractivo del sector	Proceso	Nuevo espacio de mercado creado (innovación)
Alto de Philips	Empresa establecida	Lanzado en 1995 por la holandesa Philips Electrónics, Alto era un bombilla de iluminación respetuosa con el medio ambiente que redujo los costos globales de los clientes, obteniendo una imagen positiva de los medios de comunicación.	Competitivo	Integró en la cadena de compras a los directores de finanzas corporativas y el personal de relaciones públicas, los que habían detectado los altos costos de eliminación que tenía que afrontar al final de la vida de la bombilla, cosa no habían detectado los compradores (directores de compras) que seguían el estandar de centrase en el coste y la duración, y era a lo que la competencia siempre se había dedicado. Con ese producto, Alto redujo los costes globales de sus clientes y creo un nuevo mercado integrando el foco de atención en los influenciadores.	Creó el nuevo mercado de los fluorescentes de bajos costos ambientales para los clientes y mucho más amigables con el medio ambiente.
Bloomberg	Nueva empresa	Bloomberg hizo su aparición a principios de los ochenta, incursionando en el mercado de la información empresarial. Bloomberg, ofreció un sistema dirigido a los operadores especializados y los analístas, consistente en terminales fáciles de usar y teclados marcados con términos corrientes, dos monitores de pantalla plana para que los operadores puedan ver la información que necesitan al mismo tiempo que tener que abrir y cerra un sinnúmero de ventanas, incorporando además una función analítica que sirve con solo presionar un botón; creando un valor no entregado por la industria y nuevo espacio no atendido.	Competitivo	Integró a los operadores especializados y los analístas, quienes eran los que tomaban las dicisiones al instante; y no los directivos de tecnologías de información, que eran los compradores tradicionales a quienes se dirigia la industria convencionalmente. Con esta medida Bloomberg otorgó información de valor derivada de una combinación de creación de nuevas opciones -como capacidades analíticas en linea- que eran valoradas por los operadores y no por los directivos de TI, de una mejora importante en la facilidad de uso.	Creó el nuevo mercado de la tecnología de la información dirigida a los operadores especializados y los analístas que nunca habían sido atendidos por la industria tradicional, para facilitarles la toma de decisones empresariales.

Cuadro N° 10: Ejemplos de casos exitosos de integración de cadenas de compradores directos y/o indirectos

En el cuadro N° 11, se muestran los pasos a tener en cuenta para lograr integrar cadenas de compradores directos y/o indirectos.

Pasos para integrar cadenas de compradores directos e indirectos
1. Identificar la cadena de compradores directos e indirectos -usuarios, compradores, intermediarios e influenciadores- de tu sector actual u objetivo.
2. Identifica el grupo de compradores principal en el que se centra tu sector actual u objetivo. Redirige la atención hacía los grupos de compradores que el sector siempre ha ignorado.
3. Entrevista a los compradores de los grupos no atendidos, Indaga acerca de sus diferentes deficiones de valor. Averigua cuales son sus principales obstaculos -puntos de dolor- a la utilidad y los costos que el sector le impone en la actualidad.
4. Anota la información obtenida de cada grupo de compradores no atendidos y agrupa las respuestas por similitud.

Cuadro N° 11. Pasos para integrar cadenas de compradores directos y/o indirectos
Fuente: Kim y Mauborgne, 2018

Camino 4: Integrar ofertas complementarias de productos y/o servicios

Explorar los productos y/o servicios complementarios que están relacionados o son necesarios de consumir con nuestros productos y/o servicios, pueden constituir una gran oportunidad para descubrir nuevos espacios que no han sido atendidos por el sector o la industria; ya que, en la mayoría de los casos, el sector, la industria y la competencia, en su gran mayoría, nunca le prestan atención a estos complementos; asumiéndolos como problemas o atenciones de otros sectores o mercados, descuidando por completo los puntos de dolor que conlleva en sus clientes no atender estas necesidades, por lo que están enfrascados únicamente en mejorar en calidad o precio sobre más de lo mismo sobre su propio producto o servicio, dentro de los límites establecidos por el sector en que se encuentran; lo cual puede convertirse en una gran trampa y oportunidad desaprovechada.

Como en los casos anteriores de las otras vías o mecanismos, la clave está en saber identificar puntos de dolor y puntos de valor, para entregar a nuestros clientes un valor fuera de serie completamente diferente. Para lograr esto, hay que ver más allá de nuestro mercado, de nuestro sector, hay que ver fuera de lo convencional, hay que ver con la mente y no solo con los ojos. Hay que buscar una solución integral, viendo el panorama completo de la experiencia que tienen nuestros clientes con nuestros productos y/o servicios, hay observar que es lo que pasa antes, durante y después del consumo de nuestro producto o servicio para detectar estas oportunidades, como puntos de dolor y puntos de valor; así como lo hizo, la empresa de transporte aéreo Virgin Atlantic, que se dio cuenta que sus clientes también sufrían de muchos puntos de dolor con respecto al traslado de los aeropuertos a su hotel o domicilio cuando llegaban de viaje, así les brindo también el complemento del servicio de transporte, aliviando esto y brindándoles un gran salto en valor para ellos.

Analicemos ahora, el caso de la compañía húngara de fabricación de autobuses NABI, cuyos principales clientes, de acuerdo con lo establecido por la industria de la fabricación de autobuses, son las compañías municipales de transporte público en EEUU. NABI miró más allá de lo establecido por la competencia, que consistía en competir por precios bajos, fabricación de autobuses con diseños anticuados, largos tiempos de demora para la fabricación y mala calidad. NABI vio el mercado con otra perspectiva, al explorar lo que sucedía con los autobuses fabricados y utilizados por los municipios, descubriendo que lo más costoso para sus compradores no es el precio del autobús por el cual todos competían en el mercado, sino el mantenimiento que tenía que costear por el uso del vehículo que utilizaban por alrededor de 12 años de vida útil.

Los elevados costos de mantenimiento descubiertos por NABI, al observar los servicios complementarios que implicaba la operación de sus buses, incluían reparaciones a causa de accidentes de tránsito, elevado consumo de combustible por el peso de los mismos, desgaste de los componentes, el trabajo preventivo que tenía que hacerse para evitar la corrosión de las carrocerías, etc. A ello, se le agregaba la exigencia de las normas por los altos costos que tenían que afrontar por la alta contaminación que emanaban sus buses y la controversia social con los usuarios de los buses por la protección del medio ambiente. Todo este paquete de factores descubierto por NABI, constituía una oportunidad, pero ver el mercado y la industria de manera diferente, no centrada en la competencia por el precio como lo más importante y como era que lo veían toda la industria, sin apenas haberse percatado de estos factores. NABI observó el mercado de una manera más integral, incluyendo las ofertas complementarias a su producto, que le generó oportunidades de descubrir un nuevo espacio de mercado no atendido por la competencia.

En el cuadro N° 12, podemos observar los factores descubiertos y descritos en el párrafo anterior como son los costos de mantenimiento, el consumo de combustible y la corrosión, identificados como puntos de dolor para los compradores de NABI, en este caso las municipalidades, que tenían que sufrir de estos elevados costos que nadie de la industria había detectado, y que por lo tanto, como ya hemos venido diciendo, cuando se trata de punto de dolor descubiertos, lo que tenemos que hacer es eliminar o reducir, en la medida de lo posible, para aliviar la carga y las necesidades de nuestros consumidores. El cuidado del medio ambiente y la protección ambiental, se convirtió en un punto de valor para los usuarios y clientes, debido a la calificación y aceptación social para la empresa, cosa que había descuidado completamente la competencia por estar enfrascada en competir siempre sobre los mismos parámetros del precio y la entrega de los mismos a sus clientes. De la misma manera NABI, descubrió que, a través de un diseño estético, que rompa con los parámetros convencionales y entregar comodidad para los usuarios, entregaría más valor para los mismos; por lo tanto, creó esos puntos de valor que la industria no lo estaba entregando.

CUADRO DE IDENTIFICACIÓN DE PUNTOS DE DOLOR Y PUNTOS DE VALOR DE LA INDUSTRIA DEL TRANSPORTE MUNICIPAL EN EEUU EN 2001

PUNTOS DE DOLOR	
Eliminar	**Reducir**
* Corrosión	* Costos de mantenimiento
	* Consumo de combustible

PUNTOS DE VALOR	
Aumentar	**Crear**
* Protección ambiental	* Diseño estético
	* Comodidad para los usuarios

Cuadro Nº 12. Cuadro de identificación de puntos de dolor y puntos de valor para la estrategia de integración de ofertas complementarias de productos y/o servicios del fabricante de autobuses NABI

De lo anterior, podemos rescatar, en este caso y en muchos casos que puedan darse, que cuando se haga la exploración de los mercados, sectores o industrias, a través de estos cuatro mecanismos que estamos analizando, encontraremos muchos puntos de dolor que los podemos convertir en puntos de valor para nuestros clientes directos, indirectos y clientes potenciales; como en el caso de diseño estético y comodidad para

NABI, que creó un valor que la industria del transporte en autobús no estaba otorgando, al observar que los autobuses eran de metal pesado y no permitía un diseño más dinámico, estético y cómodo para los usuarios, intercambiándolo por la fibra de vidrio, más ligera y flexible, con lo que también eliminaba la corrosión del metal y reducía el consumo de combustible. Con esto, el incremento del valor fue enorme, tanto para los compradores (municipalidades) como para los usuarios (el público que usaban los autobuses), ya que con este reemplazo en el material de las carrocerías resolvía cinco puntos de dolor de un solo tirón, eso es lo que se denomina una verdadera innovación en valor fuera de serie.

En la figura N° 13, se muestra el cuadro estratégico del transporte municipal de EEUU en 2001, donde podemos apreciar la curva de valor en color azul que creo el fabricante NABI. Como se muestra en el gráfico, NABI creo una curva de valor eliminando la corrosión, reduciendo los costos de mantenimiento y el consumo de combustible, incrementando la protección ambiental y creando un diseño estético y comodidad en sus autobuses; con lo cual eliminó y redujo puntos de dolor, y aumentó y creó nuevos puntos de valor para los compradores y usuarios de sus autobuses; a diferencia de la competencia –curva de valor roja-, que si bien se centraba en un precio inicial más bajo, los puntos de dolor sufridos por los usuarios y clientes eran altísimos, con un descuido total por el medio ambiente por la contaminación que generaban sus autobuses.

Figura N° 13: Cuadro Estratégico de fabricante NABI
Fuente: Kim y Mauborgne, 2005

Con esta estrategia única en su género, NABI logró integrar no solo a sus clientes compradores (los municipios), sino también a los usuarios (público que viajaba en trasporte en bus) al explorar todos esos servicios complementarios, entregando para ambos mercados, un altísimo valor completamente diferencial a un bajo costo por el ciclo de utilización de las unidades de transporte. El resultado de este tipo de integración fue que, NABI logró el primer puesto en participación, crecimiento y rentabilidad de toda la industria estadounidense acumulando más de 1,000 millones de dólares en pedidos y apareciendo reseñada en la Economist Intelligence Unit de octubre de 2002 como una de las treinta compañías más exitosas del mundo[47]; logrando un resultado de ganar-ganar para todos (juego de suma positiva), donde gano la empresa, ganaron los municipios y ganaron los ciudadanos. Esto es a lo que yo llamo generar eficiencia social y económica que beneficie a todos en general o por lo menos a la gran mayoría, aprovechando de la mejor manera los recursos disponibles y generando el mayor valor posible para todos.

En este análisis, es importante hacer una observación para este caso con respecto al precio y el costo -que seguramente se presentaran cuando el lector aplique estos mecanismos a sus propio sector y emprendimiento-. Como nuestro lector habrá podido percatarse, en nuestro cuadro de identificación de los puntos de dolor y los puntos de valor (cuadro Nº 12), no hemos incluido el precio como factor, esto es debido a que, para este caso, como ya lo habíamos comentado anteriormente, el precio puede ser, si es alto un punto de dolor y si es bajo un punto de valor. Como es en este caso el precio estratégico resultante, daría un cierto incremento en el precio, teniéndose que aumentar; por lo tanto, no lo hemos considerado como un punto de valor, y tampoco un punto de dolor porque no estamos reduciéndolo.

En este caso, debemos tener en cuenta lo que es precio y costo, ya que el costo, en nuestro cuadro Nº 12 viene representado por la reparación en corrosión, los costos de mantenimiento y el consumo de combustible, que se traducen claramente en puntos de dolor, a los que hay que reducirse o eliminar en la manera de los posible. Ahí es donde se genera esa entrega de valor para el comprador, reduciendo y eliminando todos esos costos; que son muy superiores al precio que paga, un poco más, comparado con la industria promedio como se observa en la figura Nº 13. Entonces, para este caso, la entrega integral que se hace para el comprador (municipios) y los usuarios (público), radica en la disminución de sus costos y la entrega de alto valor para ellos, lográndose ambos a la vez.

---

[47] *Kim y Mauborgne, 2005.*

En el cuadro Nº 13, se muestran algunos ejemplos exitosos de casos de integración de ofertas complementarias de productos y/o servicios para ilustrar las ideas creativas del emprendedor.

EJEMPLOS DE CASOS DE INTEGRACIÓN DE OFERTAS COMPLEMENTARIAS DE PRODUCTOS Y/O SERVICIOS

Empresa, Producto / Servicio	Nuevo emprendimiento o ya establecido	Características	Atractivo del sector	Proceso	Nuevo espacio de mercado creado (innovación)
Tetera Philips	Empresa establecida	Lanzada en Gran Bretaña, la tetera Philps ofreció para los británicos el único producto - un hervidor de agua con un filtro extraíble de carbon vegetal que atrapaba las partículas de cal al servir agua en el mercado que les resolvía el mayor problema del agua del grifo a la hora de preparar el té, el cual contenia cal que, con el paso del tiempo, formaba sarro en las teteras y terminaba en el té recien preparado. De esta manera, Philips descubriió un nuevo mercado azul completamente no atendido por la industria convencional, logrando un gran éxito en este sector.	No atractivo	Integró el mercado del servicio del agua, como un problema que podían resolver para sus clientes y lo resolvió, el cual había pasado completamente desapercibido por la competencia -que no lo habian asumido como problema suyo- e inclusive por los propios bebedores de té, que el problema de la cal ya lo habían incorporado inconscientemente como parte de su rutina, sin darse cuenta para ellos mismos que era un gran fastidio estar retirandolo cada vez que se servían el té. Con esta integración Philips logró descubrir un océano azul completamente no atendido.	Creó el nuevo mercado del hervidor preparador de té, mucho más saludable, sin la molestia de los reisduos de té en el agua.
Virgin Entertainement	Empresa establecida	Virgin Entertainement ofrece a sus clientes en sus tiendas de entretenimiento todos los servicios compelementarios como la venta de CDs, videos, juegos de ordenador y equipos de audio en estéreo para satisfacer todas la necesidades de entretenimiento de los compradores.	Competitivo	Integró diversos mercados relacionados con todos los servicios complementarios que conllevan comprar en sus tiendas en el rubro del entretenimiento, asegurandose mayores compras y satisfacción para los compradores.	Creó el nuevo mercado de la tiendas de entretenimiento con experiencia en todos los servicios complementarios para su clientes.

Cuadro N° 13: Ejemplos de casos exitosos de integración de ofertas complementarias de productos y/o servicios

A continuación, en el cuadro N° 14 se muestran los pasos a tener en cuenta para lograr integrar ofertas complementarias de productos y/o servicios.

Pasos para integrar cadenas de compradores directos e indirectos
1. Analiza el contexto real en el que se utiliza oferta e indentifica lo que sucede antes, durante y después de sus uso.
2. Observa a los compradores mientras usan tu producto o servicio. Agrupa por patrones la información observada para discernir la frecuencia o gravedad de los obstaculos a la utilidad.
3. Usa el mapa de utilidad del comprador y la herramienta de los no clientes para guiar tus observaciones.
4. Anota toda la información obtenida.

Cuadro N° 14. Pasos para integrar ofertas complementarias de productos y/o servicios
Fuente: Kim y Mauborgne, 2018

Como se habrá dado cuenta, los caminos 1 y 2 para integrar mercados son mucho más frecuentes y fáciles de detectar, además de que permiten otorgar lograr un precio estratégico más accesible y valorado por los compradores, sobre todo, muy importantes, en tiempos de crisis y economía en recesión. En cambio, los caminos 3 y 4, si bien es cierto, en los casos presentados no toma en cuenta el precio a la baja, tiene en cuenta los costos en los que pueden ahorrarse el cliente como puntos de dolor, lo cual compensa enormemente el precio, además de agregar los puntos de valor que no está entregando la industria y que se han descubierto en esas exploraciones. Es por ello, que se deben explorar los cuatro caminos, para detectar o elegir la mejor oportunidad, teniendo en cuenta el mayor mercado masivo alternativo posible a integrar para generar el mayor valor, tanto para nuestro negocio, como para los clientes y la sociedad en general.

SELECCIÓN DEL CAMINO DE INTEGRACIÓN

> Algunas personas quieren que algo ocurra, otras sueñan con que pasará, otras hacen que suceda.
> **Michael Jordan**

Como podremos observar en nuestro modelo de Gestión Estratégica Azul CJM Consulting (figura 14), la elección del camino a seguir, es la última parte –resaltado en color amarillo- de nuestro objetivo planteado en este pequeño análisis en estrategias azules sobre el nuevo paradigma del siglo 21 de la estrategia empresarial de mercado. Ese es el límite planteado en este modesto trabajo. Como hemos podido ver, hemos explorado cuatro caminos diferentes para integrar mercados, apoyándonos de las herramientas y modelos planteados por nuestros maestros Kim y Mauborgne; todo ello de forma sencilla, práctica y lo más comprensible posible para aclarar el mejor panorama de elección del cuál sería el mejor camino a utilizar para nuestro emprendimiento o idea de negocio. En el caso de los pequeños negocios o negocios mipymes, los equipos conformados para hacer la exploración suelen ser los mismos dueños y algunos colaboradores clave, dado el tamaño de los mismos, liderado por el propio emprendedor, que encabeza y debe encabezar la iniciativa de proyecto o negocio, el diseño y elección de la estrategia no es delegable a terceros. En ese sentido, para hacer una buena elección del camino de integración que se va a optar, se elige con la participación de todo el equipo conformado que ha realizado la exploración de los 4 caminos; así como también, se pueden invitar a agentes externos que hayan participado en la exploración, como son usuarios, clientes del negocio o no clientes de otras industrias o sectores[48]. La idea es darles mayor participación para tener una mejor validación de la elección que se realizará.

Figura N° 14: Modelo de Gestión Estratégica Azul CJM Consulting
(Modelo MKM: Mendoza-Kim/Mauborgne)

El proceso de elección debe comenzar por la presentación hecha por el equipo de los 4 caminos explorados, presentando sus respectivos cuadros estratégicos realizados en la etapa de exploración junto con sus correspondientes cuadros de identificación de puntos de dolor y puntos de valor. Luego se les pide a los asistentes, menos el equipo que hizo la exploración, que participen haciendo sus comentarios y sugerencias, planteando posibles dudas que tengan para cada camino explorado, las cuales deberán ser tomadas en cuenta por el equipo. Cada participante votará o elegirá el camino o caminos que le convenza más o considere sea la mejor estrategia ganadora para el negocio.

---

[48] *A estas reuniones Kim y Mauborgne las denominan ferias de océano azul.*

Luego de realizada la votación, los miembros del equipo preguntarán a los asistentes cuales son las razones de porque han elegido la opción u opciones por las que han votado; ello es, para tener en cuenta, por el equipo, toda esta información y conocimiento por parte de quienes son los usuarios, clientes o posibles clientes.

Con esta información se tomarán a consideración las opciones más votadas por los participantes, con sus respectivos sustentos y razones del porqué de sus elecciones; pero quien tendrá o tendrán que tomar la decisión final será el directivo o directivos del negocio; siendo que generalmente suele coincidir con la elección de los participantes y habiendo casos en los que no necesariamente se dará ese resultado. En ambos casos lo más recomendable siempre es que se justifique y se explique, de manera muy clara y precisa, la elección hecha de la adopción estratégica a implementar a todos los participantes, en especial a los involucrados, quienes serán los que se tendrán que comprometerse con su ejecución.

Pirámide de alineamiento estratégico

Aunque no es el objetivo de este texto -más que describir y analizar con la lupa integrativa la oportunidad de descubrir nuevos espacios de mercado- tratar la ejecución de este tipo de estrategias que encierra otras habilidades muy importantes como, por ejemplo, el liderazgo de punto crítico; es muy importante que debemos conocer para ello, que debe existir un correcto alineamiento estratégico dentro de la organización. En donde la estructura interna del negocio, la estrategia –que es la selección que estamos haciendo-, la gestión y el liderazgo, deben estar correctamente alineados para lograr el éxito que pretendemos conseguir.

Así, cuando hablamos de estructura –para este caso en especial-, nos estamos refiriendo a la estructura interna de la organización, que comprende, recursos financieros, personas, materiales, equipos, herramientas, procesos, productos, servicios, etc.; es todo el potencial que posee el negocio. En este sentido, es muy importante, que seamos conscientes cuando hacemos Dirección Estratégica que, la estructura de nuestro negocio, debe alinearse adecuadamente a el diseño de nuestra estrategia –en este caso la selección que nos dio como resultado de nuestra exploración de los 4 caminos de integración de mercados-; es decir, debe subyugarse a lo que se necesita hacer, especificado en nuestra estrategia para lograr los objetivos planteados en la misma.

A su vez, la estrategia debe alinearse a la gestión, que es la que mide e ira evaluando como vamos avanzando en el camino de la acción, es decir que nuestra estrategia debe someterse a las evaluaciones de la gestión y esta a su vez debe alinearse al liderazgo, que es lo que se busca, es lo que nos orienta a hacer lo que debemos hacer para lograr nuestros resultados.

En otras palabras, esto quiere decir por ejemplo que la estrategia que representa nuestro cuadro estratégico, el cuál ha sido seleccionado como ya hemos descrito anteriormente, tanto nuestro personal y equipo, los recursos financieros y materiales que posee el negocio, entre otros; es decir toda esa estructura, debe alinearse y seguir estrictamente lo que se busca en nuestra estratégica para lograr el escenario deseado de un lograr descubrir un nuevo mercado. Esto lo vamos gestionar haciendo evaluaciones para verificar si vamos por el camino correcto, de lo contrario vamos haciendo los ajustes necesarios en el camino. Ya el tema de liderazgo debe ser transversal y longitudinal a todo nuestro negocio, para que las cosas se hagan bajo lo consignado y de la manera más coherente y armoniosa posible.

En esencia, ejecutaremos el proceso de Dirección Estratégica, de una manera correcta, cuando alineamos debidamente nuestra estructura a nuestra estrategia, nuestra estrategia a la gestión y ésta al liderazgo; solo así lograremos resultados superiores, como se muestra en la figura Nº 15 de manera gráfica. Eso representa un alineamiento estratégico correcto y fundamental para obtener resultados superiores.

Figura Nº 15: Pirámide de alineamiento estratégico

BIBLIOGRAFÍA

Adam Grant. 2016. Originales: cómo los innovadores e inconformes mueven el mundo. Editorial Planeta Colombiana S.A. Colombia

Alvin Toffler. 1980. La Tercera Ola. Plaza & Janes. Colombia.

Andrés Oppenheimer. 2018. Basta de historias. Penguin Randon House Group Editorial. México.

Andrés Oppenheimer. 2014. ¡Crear o Morir!: la esperanza de América Latina y las cinco claves de la innovación. Penguin Randon House Grupo Editorial. México.

Beatriz Boza. 2015. Empresarios: 14 decisiones empresariales que han transformado el Perú. Editorial Planeta Perú S.A. Lima.

Brian Dumaine. 2020. Bezonomics. Penguin Randon House Group Editorial. México.

Carlos Niezen. 2020. Mentalidad Estratégica: El arte de triunfar en los negocios. Editorial Planeta Perú S.A. Lima.

Cristina Quiñones. 2019. Desnudando la mente del consumidor: Consumer insights en el marketing. Cecosami S.A. Lima.

Damrong Pinkoon. 2018. Idea de Marketing. Panamericana Editorial Ltda. Colombia.

Daniel Kahneman. 2012. Pensar rápido, pensar despacio. Penguin Randon House Grupo Editorial. México.

David Fischman. 2014. Motivación 360: cómo incrementarla en la vida y en la empresa. Editorial Planeta Perú S.A. Lima.

Donald G. Krause. El arte de la guerra para ejecutivos: el texto clásico de Sun Tzu adaptado para ejecutivos. Editorial EDAF. España.

Enrique G. Herrscher. 2008. Planeamiento Sistémico: un enfoque estratégico en la turbulencia. Granica. Buenos Aires.

Eric Ries. 2020. El método Lean Startup: cómo crear empresas de éxito utilizando la innovación continua. Editorial Nomos SA. Colombia.

Fernando D'Alessio. 2017. Pastillas para la gerencia: males endémicos, síntomas y causas. Editorial Planeta Perú S.A. Lima.

Francisco Duran. 2017. Los doce apóstoles de la economía peruana: una mirada social a los grupos de poder limeños y provincianos. Pontificia Universidad Católica del Perú.

George Silverman. 2013. Los secretos del marketing boca a boca. Editorial Norma. Chile.

Gustavo Piazze Garnica. 2019. El Plan de Marketing los 3 modelos. Impresores Comerciales SAC. España.

Guido Stein. 2008. El Arte de Gobernar según Peter Drucker. Ediciones Gestión 2000. Chile.

Jesús Mauricio Beltrán Jaramillo. 2017. Indicadores de gestión. Panamericana Editorial Ltda. Bogotá.

John Bargh. 2023. ¿Por qué hacemos lo que hacemos? El poder del inconsciente. Penguin Random House Grupo Editorial. Colombia.

John Doerr. 2019. Mide lo que Importa: Cómo Google, Bono y la Fundación Gates cambian el mundo con OKR. Penguin Randon House Group Editorial. España.

Jordan Milne / Martin Bjergegaard. 2013. Ganar, sin tener que perder: estrategias para crear un negocio sin desequilibrar tu vida personal. Ediciones Urano S.A. Barcelona.

Juan C. Mendoza F. 2023. Dirección Estratégica para Negocios (MIPYMES): lo primero que todo líder y emprendedor exitoso de la micro, pequeña y mediana empresa debe saber. CJM Consulting. Cajamarca.

Kevin Murray. 2015. El lenguaje de los líderes. Panamericana Editorial Ltda. Colombia.

Lisa Bodell. 2018. Simple: escape de las trampas de la complejidad y trabaje en lo que importa. Editorial Planeta Colombiana S.A. Colombia.

M. H. Bazerman / A. E. Tenbrunsel. 2012. Puntos Ciegos: ¿por qué ejecutivos, políticos, aristócratas, deportista y tantos otros son incapaces de actuar conforme a sus propios valores estándares éticos? Ediciones Urano. España.

Malcolm Gladwell. 2017. Inteligencia Intuitiva: ¿Por qué sabemos la verdad en dos segundos? Penguin Randon House Grupo Editorial. México.

Marc Benioff. 2020. Pionero: el poder de los negocios para ser verdaderas plataformas de cambio positivo. Ediciones Urano. Barcelona.

Martín Lindstrom. 2019. Buyology: verdades y mentiras de por qué compramos. Editorial Planeta. Lima.

Michael E. Porter. 2013. Ventaja Competitiva: creación y sostenibilidad de un rendimiento superior. Ediciones Pirámide. Madrid.

Michael E. Porter. 2009. Ser Competitivo. Ediciones Deusto. Chile.

Michael E. Porter. 1982. Estrategia Competitiva: Técnicas para el análisis de los sectores industriales y de la competencia. Compañía Editorial Continental. México.

Mihaly Csikszentmihalyi. 2003. Fluir en los negocios. Editorial Kairós S.A. Barcelona.

Milton Vela. 2016. Marketing y Reputación: De la atracción a la confianza. Editorial Planeta Perú S.A. Lima.

Napoleon Hill / W. Clement Stone. 2019. La Actitud Mental Positiva: un camino hacia el éxito. Penguin Randon House Group Editorial. Lima.

Néstor Braidot. 2012. Neuromanagement: cómo utilizar a pleno el cerebro en la conducción exitosa de las organizaciones. Ediciones Granica S.A. Argentina.

Néstor Braidot. 2009. Neuromarketing: ¿por qué tus clientes se acuestan con otro si dicen que les gustas tú? Grupo Planeta. Barcelona.

Philip Kotler / Giuseppe Stigliano. Retail 4.0: 10 reglas para la era digital, cómo convertir las tiendas en destinos a los que querer ir. Editorial Almuzara S.L. España.

Peter Drucker. 2018. Eficacia Ejecutiva. Penguin Randon House Group. España.

Peter Drucker. 2013. El Ejecutivo Eficaz. Editorial Sudamericana S.A. México.

Peter Drucker. 2002. La Gerencia en la Sociedad Futura. Editorial Buena Semilla. Colombia.

Peter Drucker. 1994. La sociedad Postcapitalista. Editorial Norma. Colombia.

Peter Senge. 2009. La Quinta Disciplina: el arte y la práctica de la organización abierta al aprendizaje. Ediciones Granica S.A. Argentina.

Pierre d"Huy / Jérome Lafon. 2020. Innovación para dummies. Editorial Planeta Colombiana S.A. Bogotá.

Rafael Badziag. 2020. El Secreto Multimillonario: 20 principios de riqueza y éxito. Penguin Randon House Grupo Editorial. México.

Richard Branson. 2017. El Estilo Virgin: escuchar, aprender, reír y liderar. Editorial Planeta Perú S.A. Lima.

Robert S. Kaplan / David P. Norton. 2008. The Execution Premium: integrando la estrategia y las operaciones para lograr ventajas competitivas. Ediciones Deusto. Barcelona.

Rolando Arellano. 2013. Bueno, Bonito y Barato. Editorial Planeta Perú S.A. Lima.

Rolando Arellano. 2013. Marketing para vivir mejor. Editorial Planeta Perú S.A. Lima.

Rodrigo Fernández de Paredes Alegría. 2018. Construyendo Xperiencias: Customer Experience, la clave para generar rentabilidad y diferenciación. ARS Asesoría y Servicios S.A.C. Perú.

Scott Adams. 2014. Cómo fracasar en casi todo y aun así triunfar. Ediciones Urano S.A. Barcelona.

Sean Covey. 2017. Las 4 Disciplinas de la Ejecución. Penguin Randon House Group. México.

Seth Godin. 2019. Esto es Marketing: no uses el marketing para solucionar los problemas de tu empresa: úsalo para solucionar los problemas de tus clientes. Editorial Nomos S.A. Colombia.

Stephen R. Covey. 2016. Los 7 Hábitos de la Gente Altamente Efectiva: la revolución de la ética en la vida cotidiana y en la empresa. Buenos Aires Paidós. Argentina.

Stepen P. Robbins. 2009. Comportamiento Organizacional. Pearson Educación de México S.A. México.

Sun Tzu. 1999. El Arte de la Guerra. Panamericana Editorial. Santafé de Bogotá.

W. Chan Kim / Renée Mauborgne.2018. La Transición al Océano Azul: más allá de competir, pasos probados para inspirar confianza y generar crecimiento. Ediciones Urano. España.

W. Chan Kim / Renée Mauborgne.2018. Océano azul, océano rojo. Penguin Randon House Grupo Editorial. Barcelona.

W. Chan Kim / Renée Mauborgne.2017. Las Claves de la Estrategia de Océano Azul: conseguir un crecimiento rentable mejorando la propuesta de valor y la estructura de costes. Profit Editorial. Barcelona.

W. Chan Kim / Renée Mauborgne. 2005. La Estrategia de Océano Azul: cómo desarrollar un nuevo mercado donde la competencia no tiene ninguna importancia. Editorial Norma. Colombia.

W. J. King / J. Skakoon. 2011. Las leyes no escritas del Management. Editorial Planeta Chilena S.A. Chile.

Para dudas o consultas puede contactarnos a nuestro correo electrónico: cjmconsultingcge@gmail.com o encontrarnos en: https://web.facebook.com/CJMconsulting2021, tiktok.com/@cjmconsultingcge o https://www.youtube.com/@cjmconsultingcge

www.ingramcontent.com/pod-product-compliance
Lightning Source LLC
Chambersburg PA
CBHW031436210526
45464CB00005B/2224